AF545965

Ki-Karate

Vorbereitung, Ki-Übungen, Karate-Techniken

Petra Schmidt / Tanja Mayer

Ki-Karate

Vorbereitung, Ki-Übungen, Karate-Techniken

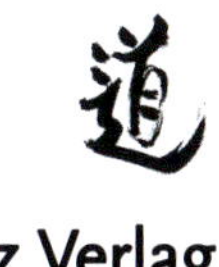

Werner Kristkeitz Verlag

Wichtiger Hinweis

Sämtliche Übungen und Inhalte dieses Buches wurden von den Autorinnen auf der Basis von Quellen, die sie als vertrauenswürdig erachten und auf der Basis ihrer eigenen langjährigen Erfahrungen nach bestem Wissen und Gewissen ausgewählt. Dennoch bietet dieses Buch keinen Ersatz für eine medizinische Beratung oder eine individuelle Fitnessberatung. Wenn Sie einen medizinischen Rat einholen möchten, konsultieren Sie bitte einen qualifizierten Arzt.

Der Verlag und die Autorinnen haften für keine nachteiligen Auswirkungen, die in direktem oder indirektem Zusammenhang mit den Informationen und den Übungen dieses Buches stehen.

Fragen und Vorschläge

ps@ki-schule.com
tanjamay@freenet.de

2. Auflage 2018

ISBN 978-3-932337-47-5

www.kristkeitz.de

Für meine Eltern
Elke und Ernst-Dieter Schmidt
PS

Für meine Schüler
Für meine Ki-Aikidô Lehrer Yves und Martinus
Für alle, die Lust haben, auf Entdeckungsreise zu gehen
TM

Die Menschen kommen weich und geschmeidig zur Welt;
tot sind sie steif und starr.
Die Pflanzen kommen zart und biegsam zur Welt;
tot sind sie spröde und dürr.

Demgemäß gilt:
Wer steif und starr ist, ist ein Schüler des Todes.
Wer weich und biegsam ist, ist ein Schüler des Lebens.
Das Starre und Steife wird zerbrechen.
Das Weiche und Geschmeidige wird sich durchsetzen.

Tao Te King, 76

Danke

Mein persönlicher Dank gilt als Erstes meinen Eltern. Ohne ihre andauernde Unterstützung hätte ich in dieser Zeit kein weiteres Buch schreiben können.

Ich möchte mich aus ganzem Herzen bei meiner Co-Autorin Tanja Mayer (www.kunst-in-der-bewegung.de) bedanken. Sie hat mit viel Geduld und Gelassenheit die Höhen und Tiefen der Zusammenarbeit mit mir überstanden. Tanja hat fast die gesamte Bearbeitung der Fotos allein übernommen. Ohne ihr stundenlanges „Basteln" an den Fotos wäre dieses Buch noch lange nicht erschienen. Viele fruchtbare Ideen zur Gestaltung und zum Inhalt des Buches stammen von ihr. Ich empfinde es als großes Glück, dass sie bereit war an diesem Projekt mitzuwirken.

Für die stets hilfreiche rechtliche Beratung danke ich Gerrit Koch (www.gerrit-koch.de).

Abschließend möchte ich mich bei meinem Ehemann Martin Fritz bedanken. Für seine grundsätzliche Unterstützung meiner beruflichen Tätigkeiten bin ich ihm von Herzen dankbar.

PS

Mein Dank geht an meine Lehrer und Schüler gleichermaßen. Es waren und sind tatsächlich Schüler, die mich immer wieder wachsen lassen.

Ich danke der Karate-Abteilung in Sindelfingen (www.karate-sindelfingen.de) sowie Oliver, Max, Willi, Frauke und Horst. Horst versorgt mich immer wieder mit neuer Literatur und bringt mich damit auf neue Ideen für mein Training. Ein spezieller Dank gilt meiner Ki-Trainingsgruppe in Sindelfingen.

Ich danke meinen Aikidôlehrern Yves und Martinus. Durch euch habe ich das erste Mal entdeckt, was Ki-Arbeit ist (www.aikido-haigerloch.de).

Eine besondere Art der Ki-Arbeit wurde mir in der letzten Phase, während des Schreibens dieses Buches, zuteil. Durch meine Therapeutin Frau Zeller (www.psychotherapie-tuebingen.de) habe ich eine wunderbare Erfahrung mit Körper- und Energiearbeit auf psychotherapeutischer Ebene erfahren dürfen. Für mich war es das bislang intensivste und beeindruckenste Erlebnis. Dafür bin ich Frau Zeller von ganzem Herzen dankbar.

Ganz großer Dank gilt meiner Karatekollegin und guten Freundin Petra, die meinen Geist bereichert und mir immer wieder Mut macht, auf meinem Weg zu bleiben.

Zu guter Letzt möchte ich mich bei meinem Ehemann Andreas bedanken, welcher tapfer im Hintergrund wirkt und mein treuester Wegbegleiter ist. Mein Dank gilt allen, die mich auf meinem Weg begleiten und begleitet haben.

TM

Wir danken all unseren Schülern und Schülerinnen, unseren Lehrerinnen und Lehrern und all denen, von denen wir in den letzten Jahren und Jahrzehnten lernen durften.

Vielen Menschen verdanken wir konstruktive Vorschläge für die Gestaltung dieses Übungsbuches. Danke dafür!

Wir haben die Idee für das Layout, die Alicia Gomez schon für das Buch ***ki*-Karate. Zur Philosophie von Ki, Karate und Kampfkunst** entwickelt hat (www.villuendasgomez.com), weitgehend übernommen und danken ihr noch einmal sehr herzlich.

Hilfreiche Tipps und Korrekturen verdanken wir vor allem Horst Karlsberg, Natalie Mandel (www.kikonzept-online.de) und Claudia Winkler, die mit wunderbarer Unvoreingenommenheit uns immer wieder unsere diversen blinden Flecken aufgezeigt hat. Wir verdanken es ihr, dass dieses Buch deutlich verständlicher auch für diejenigen geworden ist, die bislang nur wenig Kontakt mit der Materie hatten.

Petra Schmidt / Tanja Mayer

Inhalt

Danke 8

Worte vorweg 13

1. Vorbereitung 19
1.1 Den Körper ausrichten: *yôtai* 養体 30
1.2 Einen Ruhezustand einleiten: *nyûsei* 入静 44
1.3 Sonstige Übungen 52

2. Ki-Übungen 59
2.1 Loslass-Übungen I: *yurumi taisô* 緩み体操 64
2.2 Loslass-Übungen II: *yurumi taisô* 緩み体操 92
2.3 Atem-Übungen: *kokyû hô* 呼吸法 108
2.4 Partnerübungen: *dôki* 導気 117

3. Karate-Techniken 129
3.1 Abwehr-Techniken: *uke waza* 受け技 136
3.2 Angriffs-Techniken: *ude waza* 腕技 146

Abschließende Worte 161

Glossar 186
Bibliografie 196
Die Autorinnen 199

Worte vorweg

Seitdem das Buch ***ki*-Karate. Zur Philosophie von Ki, Karate und Kampfkunst** erschien, bin ich immer wieder gefragt worden, ob ich nicht eine DVD oder zumindest ein Übungsbuch erstellen möchte, um das Nachmachen der Übungen im heimatlichen *dôjô* 道場 zu erleichtern.

Nun habe ich mich entschlossen, ein solches Arbeitsbuch mit Beschreibungen der Übungen anzufertigen. Zu meiner großen Freude habe ich meine Karate-Kollegin und gute Freundin Tanja Mayer (www.kunst-in-der-bewegung.de) als Co-Autorin gewinnen können.

Wir haben uns bei den folgenden Übungen weitgehend an die Abfolge der Übungen, wie ich sie im sechsten Kapitel im oben genannten Buch tabellarisch aufgezählt habe, gehalten. Diese Übungen und deren japanische Bezeichnungen sind zu großen Teilen einem Flugblatt von Osamu Aoki entnommen, welches er erstmals bei seinem Sommerkurs 2004 in Murcia verteilte. Beeinflusst wurde die Zusammenstellung der Übungen auch von unseren Erfahrungen in anderen Kampf- und Bewegungskünsten. Besonders nachhaltig und fortwährend beeindruckt uns immer wieder das Ki-Aikidô von Kenjirô Yoshigasaki.

In wissenschaftlichen Studien teilen sich die Meinungen darüber, welche Bewegungen sinnvoll, gesund und „erlaubt" sind. Einige der Übungen, die wir in diesem Buch beschreiben, werden von der westlichen Schulmedizin skeptisch betrachtet. Unsere persönlichen Erfahrungen haben uns jedoch gezeigt, dass solche Übungen sehr wohl die Gesundheit fördern. Deshalb geben wir auch Übungen weiter, die nach Kriterien der westlichen Schulmedizin als nicht empfehlenswert eingestuft werden. Selbstverständlich sollten sämtliche Übungen vorsichtig, aufmerksam und nur langsam steigernd geübt werden!

Fast alle der beschriebenen Übungen dienen der Erhöhung der Beweglichkeit **und** zugleich der Kräftigung. Gemäß unseren Erfahrungen eignen sie sich gut als direkte Vorbereitung auf einen anschließenden Karate-Unterricht. Verschiedenen Studien zufolge kann nur das **angemessene** Dehnen und Erwärmen auch der Gelenke und Muskelansätze vor der eigentlichen Belastung die Gelenke schützen. Bei den Übungen, die wir hier beschreiben, wird durch gezielten Druck und Zug auf die jeweiligen Gelenke die stabilisierende Muskulatur gekräftigt. Mit diesen Übungen wird zugleich die Beweglichkeit gefördert. So werden die Gelenke auf koordinativ anspruchsvolle Bewegungen und auf hohe Belastungen vorbereitet und geschützt.

Wir empfehlen allen, die Karate oder eine andere Kampfkunst betreiben, neben den „normalen Übungs-Einheiten“ sich mindestens einmal pro Woche ein bis zwei Stunden Zeit zu nehmen für Dehnungen, Ki-Übungen und andere vorbereitende Übungen, wie wir sie hier beschreiben. Auch bewusstes Entspannen und bewusstes Loslassen sollten öfter geübt werden. Nur ein entspannter Muskel kann angespannt werden und dadurch Bewegung erzeugen. Erst ein entspannter Körper, dessen Muskeln nur die notwendige Mindest-Vorspannung haben, kann schnell reagieren und plötzliche Bewegungen hervorbringen.

Die Übungen, die wir beschreiben, sind Basis-Übungen, die förderlich für jede Form der Körperertüchtigung sind. Sie fördern nicht nur die Gesundheit, sondern aktivieren und erweitern grundlegende Fähigkeiten wie Beweglichkeit, koordinative Fähigkeiten und Konzentrationsfähigkeit. Solche Fähigkeiten sind Voraussetzung für die Ausübung jeder Kampfkunst. Sie sind auch für die Ausübung von darstellenden Künsten wie Ballett, Pantomime, Theater oder für Sportarten wie Tennis, Golf oder Handball notwendig. Selbstverständlich setzt dies jahrelanges Üben voraus. Es sind keine „Zauber-Übungen“, die sofort Wunder vollbringen. Es ist eine Basis-Arbeit, die Körper und Geist voll beansprucht. Regelmäßiges Üben führt zu einem „intellektuellen“ oder „weisen Körper“.

In diesem Buch **Ki-Karate. Vorbereitung, Ki-Übungen, Karate-Techniken** beschreiben wir im ersten Kapitel verschiedene vorbereitende Übungen. In 1.1 geht es darum, den Körper auszurichten. In 1.2 steht das Einleiten eines Ruhezustandes von Körper und Geist im Vordergrund. Es folgen sonstige vorbereitende Übungen, die sich ebenfalls auf Körper und Geist beziehen, in 1.3.

In den Kapiteln 2.1 und 2.2 beschreiben wir die eigentlichen Bewegungs- oder Ki-Übungen, die wir in unseren Kursen unterrichten. Mit diesen Übungen werden Beweglichkeit und Kräftigung geübt, körperliche und geistige Haltungen beeinflusst, und es wird eine Harmonisierung des Ki-Flusses angestrebt. In 2.3 geht es um die vier Atem-Übungen, mit denen in verstärkter Weise Einfluss auf den Sympathikus, das hormonelle System und das Immunsystem genommen werden kann. Es folgen Partnerübungen in 2.4, bei denen das Miteinander der Partner/innen im Vordergrund steht.

Im dritten Kapitel beschreiben wir Übungen für ausgewählte Karate-Techniken. In 3.1 geht es um ausgewählte Abwehr-Techniken, in 3.2 um Angriffs-Techniken. Wir haben bekannte Basis-Techniken ausgewählt, für die wir Vorübungen auch aus den Ki-Übungen ableiten.

Statt eines Nachwortes geben wir in den abschließenden Worten Hinweise und Vorschläge für Übungsfolgen, für das Trainieren allein oder in einer Gruppe im *dôjô* 道場.

Anschließend folgt ein Glossar mit den im Übungsbuch verwendeten japanischen Begriffen, den entsprechenden *kanji* 漢字 und ihren Übersetzungen.

Am Ende des Übungsbuches steht eine Bibliografie.

Dieses Übungsbuch soll vor allem denjenigen, die sich schon mit **Ki-Karate** befasst haben, helfen, auch allein weiterüben zu können. Andere, die noch nicht auf diese Art trainiert haben, werden sicher ebenfalls viele der Übungen ausprobieren können.

Vielleicht können wir mit diesem Buch die eine oder den anderen überzeugen, sich einmal auf unseren Kampfkunst-Unterricht einzulassen.

Wir sind der Meinung, dass weder ein Buch noch eine DVD den persönlichen Unterricht mit einer erfahrenen Lehrerin oder einem Lehrer ersetzen kann. Die direkte Rücksprache, individuelle Tipps und Hilfen sind mit Abstand das Beste, um solche Übungen zu erlernen und zu vertiefen. Doch als „Hilfe zur Selbsthilfe" hat auch uns ein Buch schon oft geholfen. Auch wenn das Wichtige gerade das ist, was zwischen den Bildern geschieht.

Wie im vorangegangenen Buch gehen wir davon aus, dass das japanische Sprach- und Denksystem sich grundlegend vom deutschen Sprach- und Denksystem unterscheidet. Um unzulängliche Übersetzungen und ein Hineinquetschen wichtiger Begriffe ins Deutsche zu vermeiden, führen wir deshalb an mehreren Stellen die japanischen Termini ein und erklären ihre Bedeutung. Im Folgenden verwenden wir dann diese japanischen Ausdrücke. Sie sind kursiv gesetzt und klein geschrieben. Ihnen folgt das entsprechende japanische Schriftzeichen, das *kanji* 漢字. Sämtliche japanischen Begriffe sind wieder im Glossar am Ende des Buches zu finden.

Auch sind an verschiedenen Stellen Zwischenüberschriften eingefügt, um einen schnellen Überblick zu gewährleisten. Diese sind in einfacher, schwarzer Schrift mit schwarzem oder rotem Unterstrich gesetzt und werden nicht im Inhaltsverzeichnis aufgeführt.

Die Bedeutung der Pfeile in den Abbildungen unterscheidet sich wie folgt:

Diese Pfeile geben die Richtung der Bewegung an: ➡ ⟶

Diese geben die Richtung des (Aus-, Ein-)Atmens an: ➡

Wie im ersten Buch ***ki*-Karate** verzichten wir auch in diesem Buch auf Titel wie Meister, Großmeister (*shihan* 師範) oder *sensei* 先生. Wir möchten jedoch ausdrücklich betonen, dass dies unsere aufrichtige Bewunderung für die immensen Leistungen der jeweiligen Personen keinesfalls schmälern soll!

Personennamen, auch japanische, schreiben wir gemäß der deutschen Norm, das heißt, zuerst den Vornamen und dann den Nachnamen.

1.

Vorbereitung

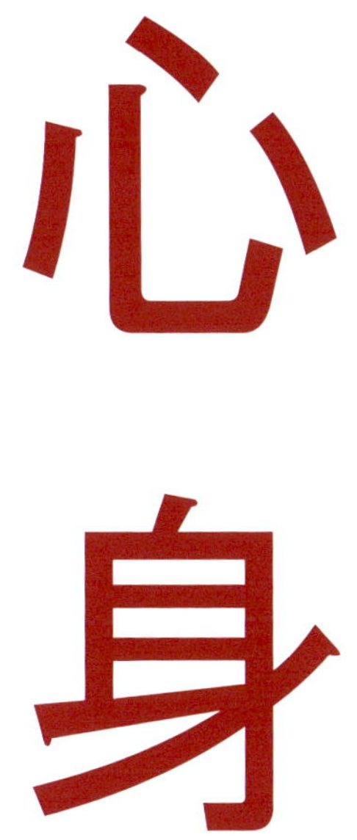

shinshin

Geist und Körper

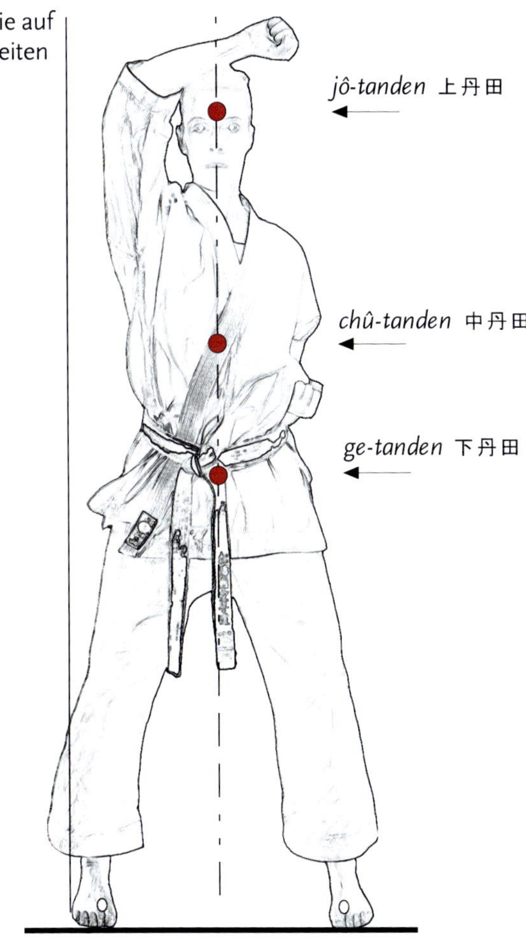
Mittellinie, *seichûsen* 正中線
Seitenlinie auf
beiden Seiten
jô-tanden 上丹田
chû-tanden 中丹田
ge-tanden 下丹田
Ausbalancierte Punkte
bei optimaler Haltung

Abb. 1

Yôtai 養体 heißt:
Erschaffen eines einsatzfähigen Körpers
durch Korrigieren und Ausgleichen seines jeweiligen Zustandes
oder: den Körper ausrichten.

Nyûsei 入静 heißt:
Einleiten eines Zustandes der Ruhe.

Viele der folgenden Übungen bewirken beides und lassen sich gar nicht eindeutig nur dem *yôtai* 養体 oder nur dem *nyûsei* 入静 zuordnen. Sie richten den Körper aus und bereiten ihn auf den folgenden Karate-Unterricht oder andere anschließende Tätigkeiten vor, und sie leiten einen Zustand der Ruhe ein.

Zu den vorbereitenden Teilen *yôtai,* 養体 und *nyûsei* 入静 gehört, sich dieser drei *tanden* 丹田 bewusst zu werden. Auf der ersten Abbildung (Abb. 1) auf Seite 23 sind sie eingezeichnet: *jô-tanden* 上丹田, *chû-tanden* 中丹田 und *ge-tanden* 下丹田. Die meisten Stellungen im Karate verlangen eine aufrechte Haltung, in der unser *seichûsen* 正中線 senkrecht zur Schwerkraft und mittig durch unseren Körper verläuft. Die drei *tanden* 丹田 liegen dann auf dieser – im Körper gedachten – Mittellinie, auf unserem *seichûsen* 正中線. Sie dienen als Hilfspunkte für das Üben einer angemessenen Haltung.

Eine Übung, die wir häufig auf Lehrgängen zeigen, ist das stabile Sitzen im *seiza* 正座.[1] Hier wird mithilfe der Vorstellungskraft und/oder mithilfe eines biomechanisch sinnvollen Ausrichtens des Körpers größtmögliche Stabilität im *seiza* 正座 gefunden. Die dabei eingenommene Haltung der drei *tanden* 丹田 sowie des gesamten Körpers lässt sich auf viele andere (Karate-)Stellungen übertragen. Im Karate-Unterricht heißt es meist „Nase zurück" und „Brust raus". Damit soll nichts anderes als diese Ausrichtung des *seichûsen* 正中線 durch die Körpermitte erlangt werden. Wenn wir im Folgenden nur von *tanden* 丹田 reden, meinen wir damit das *ge-tanden* 下丹田 (Abb. 1).

Das *tanden* 丹田 ist unser Schwerpunktzentrum. Hier wirkt die Erdanziehung am stärksten auf unseren Körper. Es ist Zentrum und Quelle unserer physischen und psychischen Energie. Die Aufmerksamkeit im *tanden* 丹田 zu halten, die Luft ins *tanden* 丹田 zu senken und mit dem *tanden* 丹田 die Bewegung zu führen sind wichtige Aspekte der Ki-Übungen und des Karate.

Zur Wahrnehmung des uns umgebenden Raumes ist es sinnvoll, sich nicht nur die eigene Mitte und die eigene Mittellinie vorzustellen, sondern auch, sich die jeweiligen eigenen Seitenlinien bewusst zu machen. Im *heiko dachi* 平行立ち mit hängenden Armen laufen die Seitenlinien senkrecht an den kleinen Fingern und der Außenkante der kleinen Zehen entlang. Dies entspricht unserer „Raumbreite". Im *nekoashi dachi* 猫足立ち verlaufen die Seitenlinien entsprechend enger. Im *kiba dachi* 騎馬立ち verlaufen sie entsprechend breiter.

Im Karate hängt unsere Reaktion auf einen Angriff von verschiedenen Faktoren ab. Der Abstand und die Position zu unserem Partner gehören zu diesen Faktoren. Grundlage für meine Bewertung einer Situation und für unsere darauf folgende Re-/Aktion ist das Bild, welches wir uns von uns selbst und unserer Umgebung, in diesem Fall von unserem Partner, machen. Dieses Bild hängt auch von der Wahrnehmung des gesamten Raumes um uns herum ab.

1 Siehe auch: Schmidt, Petra 2006: 83. Dort werden die Begriffe „drittes Auge" und „Solar Plexus" statt *jô-tanden* 上丹田 und *chû-tanden* 中丹田 verwendet.

Im Aikidô geht es noch viel stärker als im Karate um das **Miteinander** der Übenden. Selbstwahrnehmung und die präzise Wahrnehmung meiner Partnerin/meines Partners sind notwendige Voraussetzungen für erfolgreiche Aktionen. Im Ki-Aikidô werden konkrete Übungen zur Aktivierung des Ki-Flusses und für die Vereinigung von Körper und Geist gelehrt. Beides schult differenziertes Wahrnehmungsvermögen. Die vier Grundprinzipien, die Kôichi Tôhei nennt, sind für uns durch solche konkreten Übungen verständlicher und umsetzbarer geworden. Wir halten diese für sehr wichtig und möchten sie deshalb hier nennen.

Nach Kôichi Tôhei sind die vier Grundprinzipien der Vereinigung von Geist und Körper[2]:

1. Den Einen Punkt halten
2. Sich vollkommen entspannen
3. Das Gewicht unten halten
4. Ki fließen lassen

Er meint: „Die vier Grundprinzipien können nicht voneinander getrennt werden. Wenn man eines von ihnen erfüllt, erfüllt man die drei anderen ohne weiteres Zutun auch. Wenn man eines von ihnen verliert, so verliert man die drei anderen ebenso. Das erste und vierte Prinzip sind Regeln des Geistes. Das zweite und dritte sind solche des Körpers. Wenn die Prinzipien beider wie die Räder eines Wagens zusammenwirken, kann man zum ersten Mal den Zustand der Einheit von Geist und Körper (...) verwirklichen.“[3]

Unter 1.1 haben wir Übungen aufgezählt, die eher dem *yôtai* 養体 zuzuordnen sind. Das heißt jedoch nicht, dass diese nicht auch zum *nyûsei* 入静 gehören können. Unter 1.2 sind Übungen zu finden, die wir vorrangig dem *nyûsei* 入静 zuordnen. Unter 1.3 haben wir verschiedene Übungen aufgeführt, die wir zur Vorbereitung auf die Ki-Übungen und auf die Karate-Techniken wichtig finden. Dazu gehören Übungen, die die Vorstellungskraft schulen, ebenso wie

2 Kôichi Tôhei 1987: 31
3 Kôichi Tôhei 1987: 58

Übungen, die die Koordination fördern oder in besonderer Weise die Skelettmuskulatur ansprechen.

Im Folgenden haben wir auf der rechten Seite jeweils unter **Wie?** beschrieben, wie die jeweiligen Übungen ausgeführt werden. Unter **Wofür?** geben wir Hinweise darauf, wofür diese Übungen nützlich sind. Wir führen hier sowohl karatespezifische als auch gesundheitliche Aspekte auf. Die Abbildungen auf der linken Seite sollen helfen, die korrekte Ausführung zu verdeutlichen.

Die jeweiligen Übungen haben in der Regel noch weitere Nutzen, sind vielfältig einzusetzen und können auch in verschiedenen Abwandlungen sinnvoll ausgeführt werden. Wir beschränken uns hier auf das, was uns momentan für Kampfkünstler/innen und insbesondere Karateka am wichtigsten erscheint.

1.1 Den Körper ausrichten: *yôtai* 養体

Sich die drei *tanden* 丹田 bewusst machen

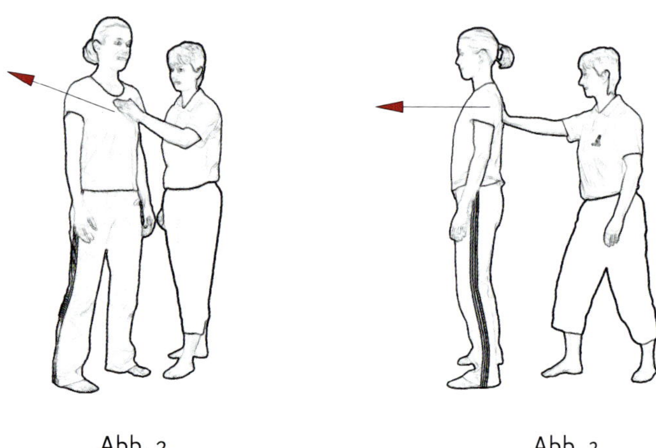

Abb. 2

Abb. 3

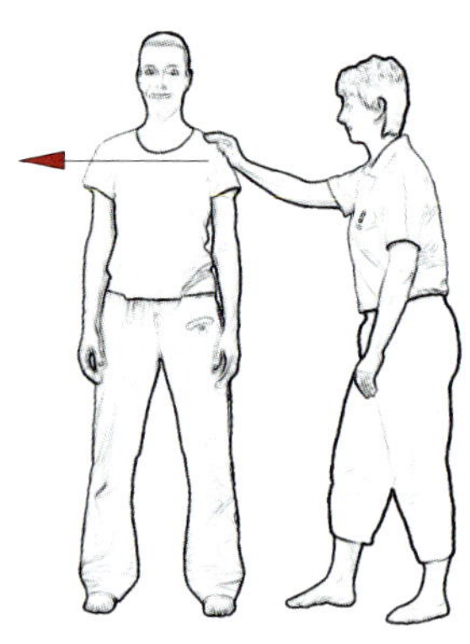

Abb. 4

1.1 Den Körper ausrichten: *yôtai* 養体

Sich die drei *tanden* 丹田 bewusst machen

Wie?

- Stehend: Die drei *tanden* 丹田 liegen auf einer Linie. Diese verläuft vertikal vom Scheitelpunkt bis in den Erdmittelpunkt.
- Wie eine Marionette, die am höchsten Punkt des Kopfes an einem Faden aufgehängt wird, lasse ich mein Gewicht bis zum Erdmittelpunkt sinken.
- Test: Die Partnerin/der Partner drückt mit ansteigender Intensität gegen das Brustbein (Abb. 2), zwischen die Schulterblätter (Abb. 3) und dann seitlich gegen den Oberarm (Abb. 4), um die Stabilität zu testen.

Hinweis

Es geht **nicht** darum zu beweisen, wer stärker ist. Es geht darum, langsam den Druck zu steigern, um so der anderen Person zu helfen, einen ausgewogenen, stabilen Stand zu finden.

Wofür?

- Angemessenes Ausrichten des Körpers
- Stabilität ohne Anspannung
- Muskulatur entspannt und einsatzbereit
- Ki-Fluss durch Entspannung
- Bewusstmachen von Haltungen und Spannungen

Knie erwärmen

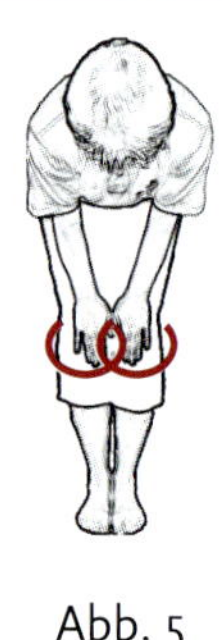
Abb. 5

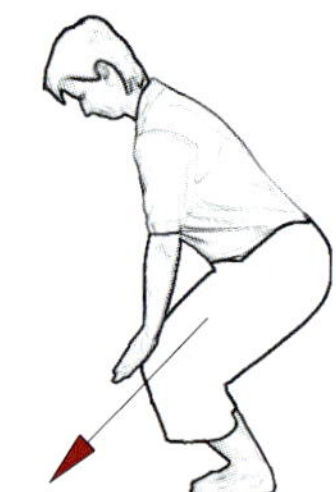
Abb. 6

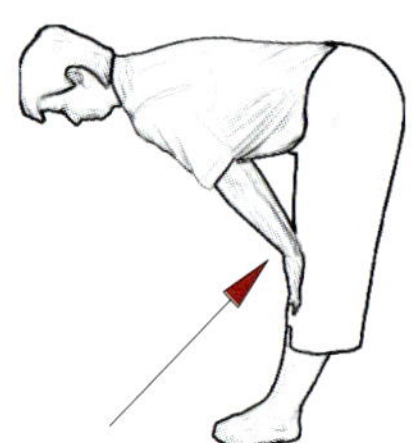
Abb. 7

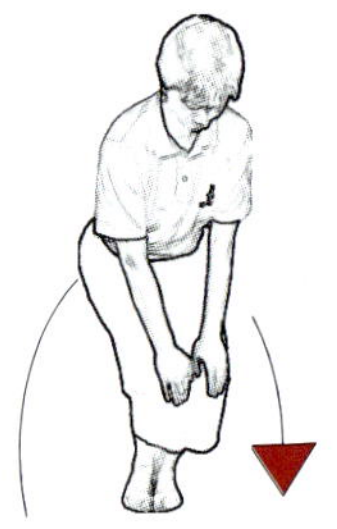
Abb. 8

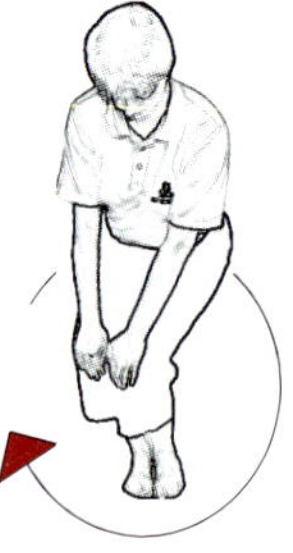
Abb. 9

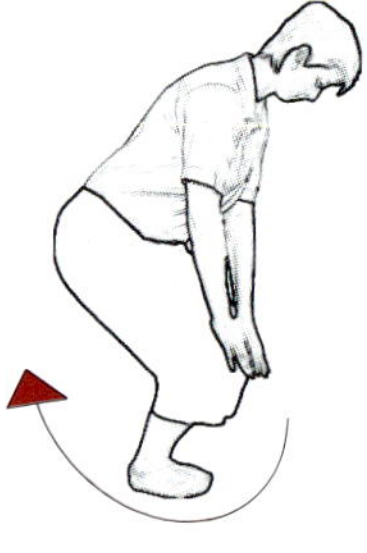
Abb. 10

Knie erwärmen

Die westliche Schulmedizin hat früher kreisende Bewegungen mit dem Knie verboten, mit der Begründung, es handle sich um ein Scharniergelenk. Mittlerweile heißt es, es handle sich um ein Dreh-Scharniergelenk, welches leichte Drehbewegungen zulasse.[4]

Aufgrund eigener Erfahrungen halten wir die Übung für sehr sinnvoll, um die Kräftigung und Beweglichkeit des Kniegelenks mit seinen Bändern, Sehnen und Muskelansätzen zu trainieren.

Wichtig: Die Übung sollte unbedingt vorsichtig und nur langsam steigernd ausgeführt werden!

Wie?

- Stehend: Die Füße sind nebeneinander, Oberkörper beugen und die Hände oben auf die Knie legen (Abb. 5). Mit der Hand die Muskelansätze am Knie kreisend massieren: oben, außen, unten, innen.
- Hände oberhalb der Kniescheibe leicht auflegen, Knie beugen (Abb. 6) und strecken (Abb. 7). Die Fußsohle bleibt dabei am Boden.
- Hände bleiben dort, wo sie sind. Fußsohlen bleiben am Boden. Jetzt werden die Knie kreisförmig bewegt, dabei ausatmen (Abb. 8, 9, 10). Die Richtung der Kreisbewegung ändern und die Kreise langsam größer werden lassen.
- Während der Kreisbewegung in die Gelenke (auch in die Sprung- und Hüftgelenke) hineinspüren. Die Auswirkungen der Kreisbewegung der Knie bewusst wahrnehmen.

Wofür?

- Flexibilität und Stabilität von Sprung-, Knie- und Hüftgelenken
- Kräftigung der Muskelansätze zur Vorbereitung der Gelenke auf karatespezifische Anforderungen

4 Siehe de.wikipedia.org/wiki/Kniegelenk

Armkreisen mit gestreckten Fingern

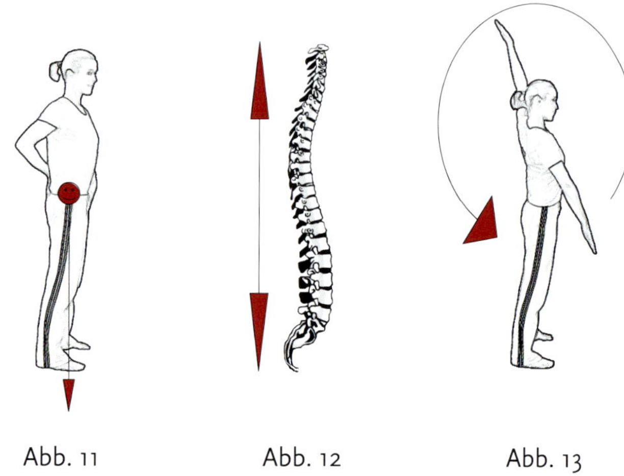

Abb. 11 Abb. 12 Abb. 13

Becken kreisen

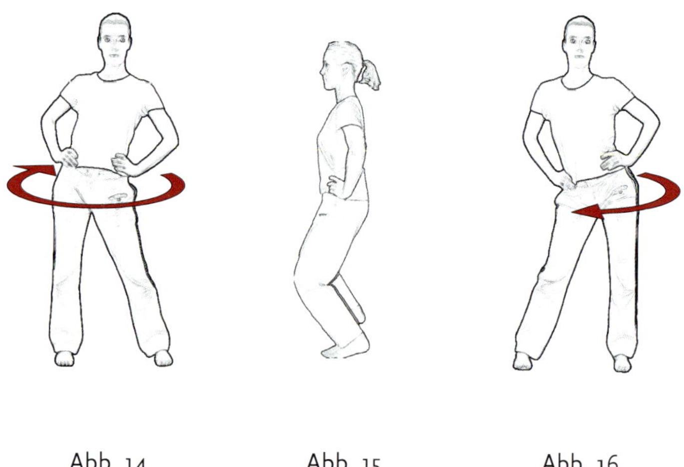

Abb. 14 Abb. 15 Abb. 16

Armkreisen mit gestreckten Fingern

Wie?

- Stehend: Das *tanden* 丹田 ist vorn und hinten nach unten gesenkt (Abb. 11).
- Dadurch wird die Wirbelsäule gestreckt (Abb. 12).
- Arme bis in die Fingerspitzen strecken und beim Kreisen nach hinten gestreckt lassen (Abb. 13).
- Kreisbewegung in Ruhe und so groß wie möglich ausführen.

Wofür?

- Schultern und Schulterblätter bewusst vorbereiten
- Brustbereich öffnen
- Rückenmuskulatur kräftigen
- Streckung der Wirbelsäule üben

Becken kreisen

Wie ?

- Stehend: Das Becken kreisen (Abb. 14-16).
- Kopf bleibt unverändert an seinem Platz. Ein Blick in den Spiegel hilft, die Position des Kopfes zu bewahren.
- Die Kniemuskulatur ist bei gestrecktem Bein erst entspannt, dann wird das Knie leicht und dann stark gebeugt.
- Dabei besonders im Hüft- und Beckenbereich auf die Veränderungen der Dehnung in Abhängigkeit von der Beugung der Knie achten (Abb. 15).

Wofür?

- Mobilisieren und Kräftigen der Hüftgelenke
- Mobilisieren und Kräftigen des unteren Rückens

Hüftgelenke mobilisieren

Hüfte mobilisieren 1

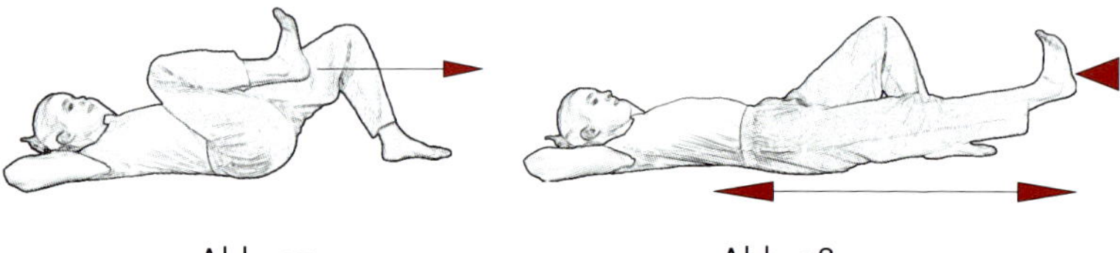

Abb. 17 Abb. 18

Hüfte mobilisieren 2

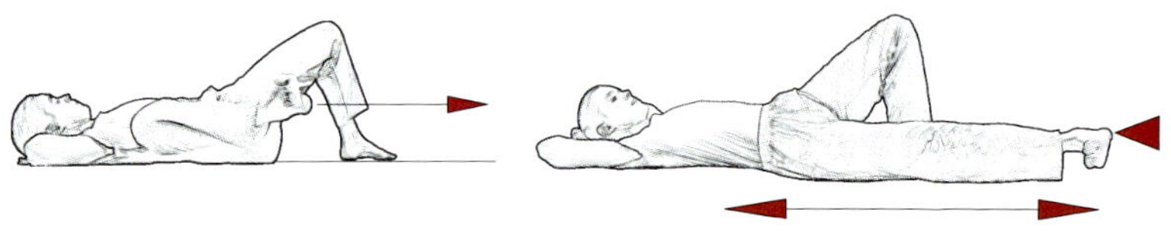

Abb. 19 Abb. 20

Hüfte mobilisieren 3

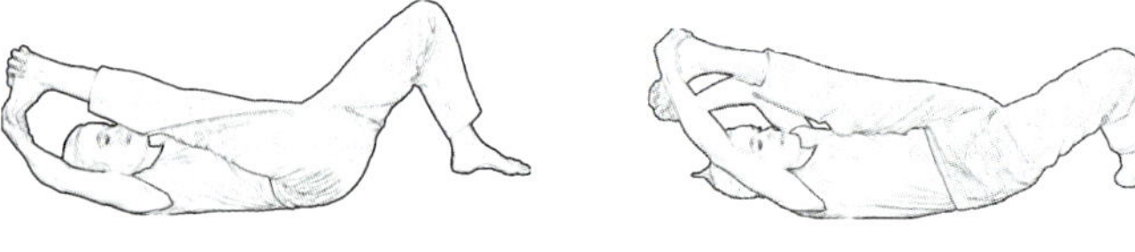

Abb. 21 Abb. 22

Hüftgelenke mobilisieren

Wie?

Hüfte mobilisieren 1

- Liegend: Der Kopf liegt entspannt auf dem Boden. Ein Bein ist aufgestellt, das andere mit dem Knie zur Brust gezogen (Abb. 17).
- Das angezogene Bein mit der Ferse voran ca. 10 cm über den Boden nach vorn strecken (Abb. 18).
- Zuerst langsam, bis der Bewegungsweg klar ist, dann schnell 10 Mal pro Bein die Ferse knapp über dem Boden nach vorn schnappen.

Hüfte mobilisieren 2

- Liegend: Der Kopf liegt entspannt auf dem Boden. Ein Bein ist aufgestellt, das andere mit angezogenem Knie seitlich nach außen geöffnet (Abb. 19).
- Das angezogene Bein mit der Ferse voran in nach außen gedrehter Position ca. 10 cm über den Boden nach vorn strecken (Abb. 20).
- Zuerst langsam, bis der Bewegungsweg klar ist, dann 10 Mal pro Bein die Ferse knapp über dem Boden mit dem Fuß nach außen gedreht nach vorn schnappen.

Hüfte mobilisieren 3

- Liegend: Der Kopf liegt entspannt auf dem Boden. Ein Bein ist aufgestellt, das andere gestreckt Richtung Brust ziehen (Abb. 21, 22).
- Bein für jeweils ca. 15 Sekunden halten.

Hüfte mobilisieren 4

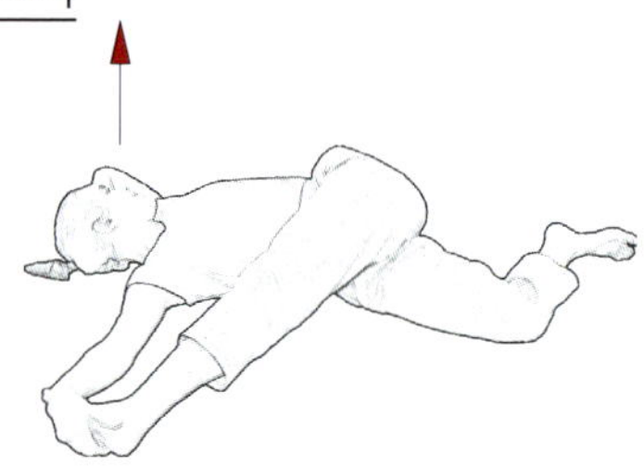

Abb. 23

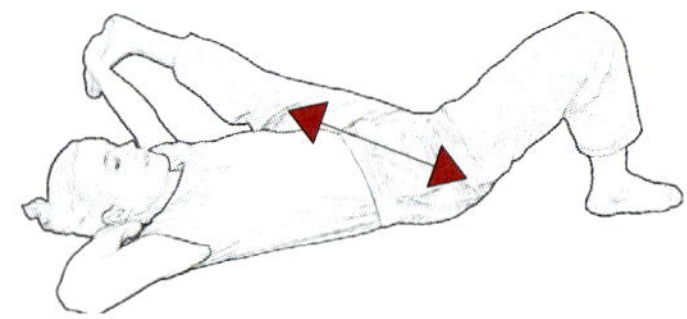

Abb. 24

Hüfte mobilisieren 5

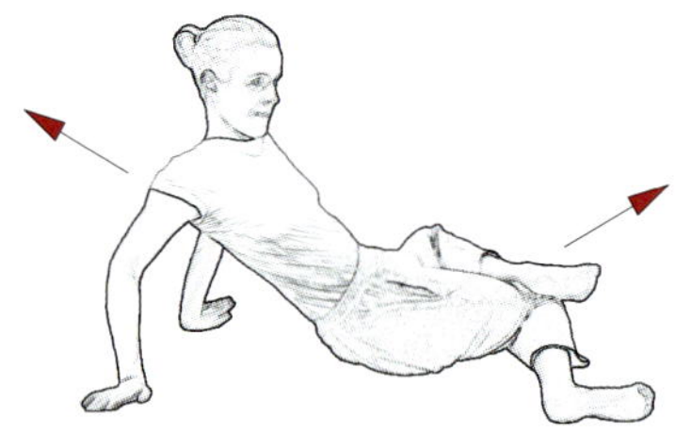

Abb. 25

Hüfte mobilisieren 4

- Das gestreckte Bein über das aufgestellte Bein hinweg zum Boden führen. Beide Beine fallen dabei auf die gleiche Seite. Den Kopf in die entgegengesetzte Richtung drehen (Abb. 23).
- Danach das gestreckte Bein auf die andere Körperseite führen und so das Becken öffnen (Abb. 24).
- Die Stellung jeweils ca. 15 Sekunden halten.
- Dann die gleiche Bewegungsfolge mit dem anderen Bein ausführen.

Hüfte mobilisieren 5

- Sitzend: Mit den Händen hinter dem Rücken auf dem Boden abstützen.
- Linkes Sprunggelenk auf das rechte Knie legen und beide Beine nach links fallen lassen (Abb. 25).
- Die rechte Gesäßseite möglichst auf den Boden drücken.
- Die Stellung für jeweils ca. 15 Sekunden halten, dann Beinwechsel.

Wofür?

- Erwärmen und Vorbereiten der Hüftgelenke
- Beweglichkeit der Hüfte, des unteren Rückens und der Beine
- Ausrichten der Hüftgelenke,
  – um einen möglichen Beckenschiefstand zu korrigieren
  – und die Wirbelsäule auszurichten

Beckenboden / untere Bauchmuskeln aktivieren

Innenspannung

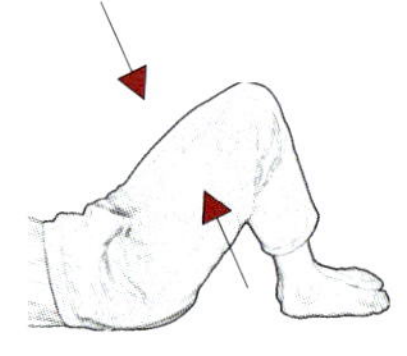

Abb. 26 a

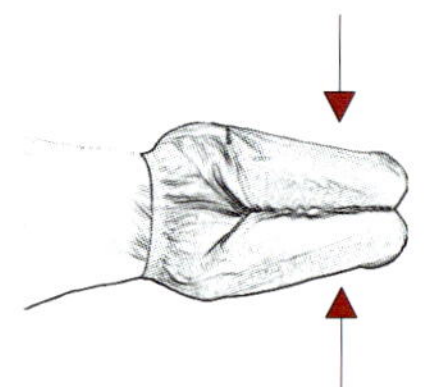

Abb. 26 b

Außenspannung

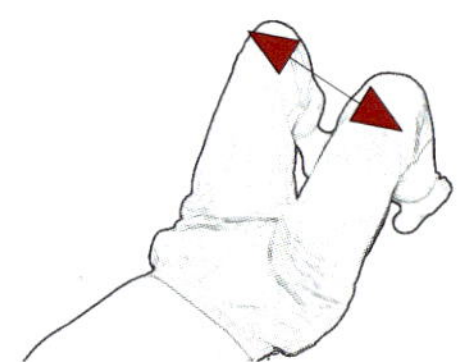

Abb. 27

Fersen zur Decke

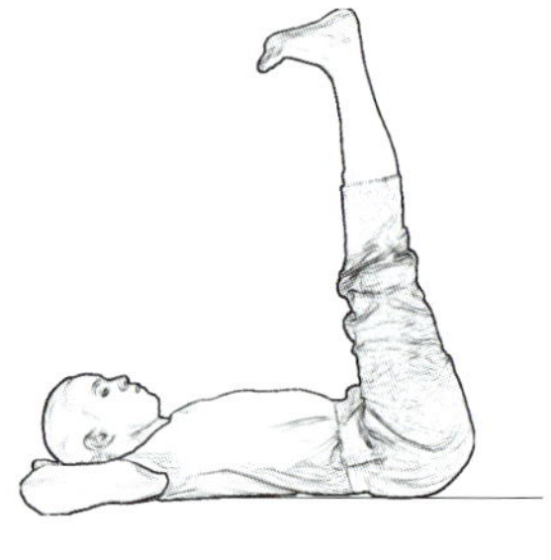

Abb. 28

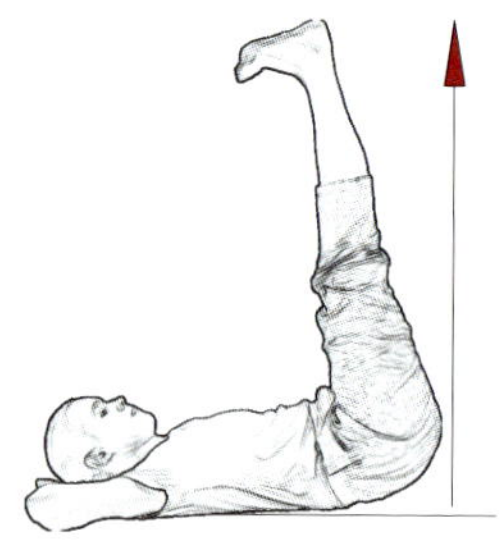

Abb. 29

Beckenboden / untere Bauchmuskeln aktivieren

Wie ?

Innenspannung

- Liegend: Kopf liegt entspannt auf dem Boden, Beine aufstellen, Füße und Knie sind eng aneinandergedrückt.
- Knie mit der Ausatmung zusammendrücken, Gesäß- und Beckenbodenmuskulatur anspannen und Rücken auf den Boden pressen (Abb. 26 a, 26 b).
- Spannung für ca. 15 Sekunden halten, beim Loslassen einatmen, je 4 Mal.

Außenspannung

- Liegend: Knie und Füße einen Fußbreit auseinander aufstellen.
- Mit der Ausatmung die Füße und Beine auseinanderdrücken (Abb. 27). Dabei Gesäß- und Beckenbodenmuskulatur anspannen und Rücken auf den Boden pressen.
- Spannung für ca. 15 Sekunden halten, beim Loslassen einatmen, je 4 Mal.

Fersen zur Decke

- Liegend: Arme unter dem Kopf verschränken, Fersen mit gestreckten Beinen in den Himmel strecken (Abb. 28).
- Mit dem Ausatmen Gesäß ca. 5 cm anheben, die Fersen Richtung Himmel schieben und für 10 Sekunden oben halten (Abb. 29).
- Gesäß auf den Boden senken und einatmen, je 4 Mal.

Rücken strecken

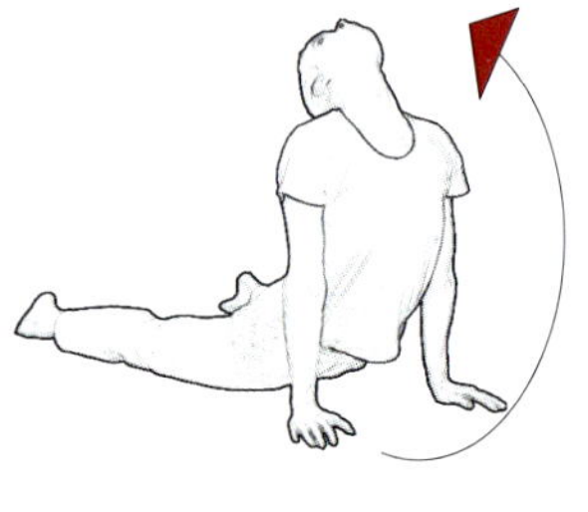

Abb. 30

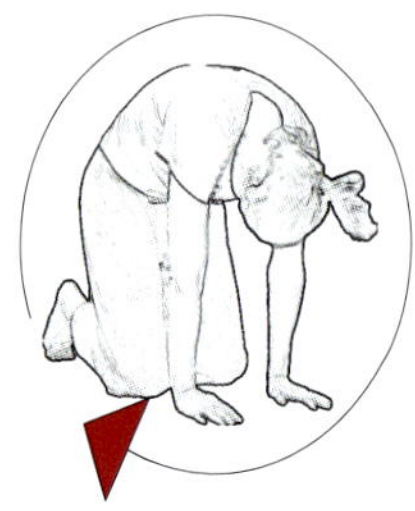

Abb. 31

Rumpf seitlich kreisen

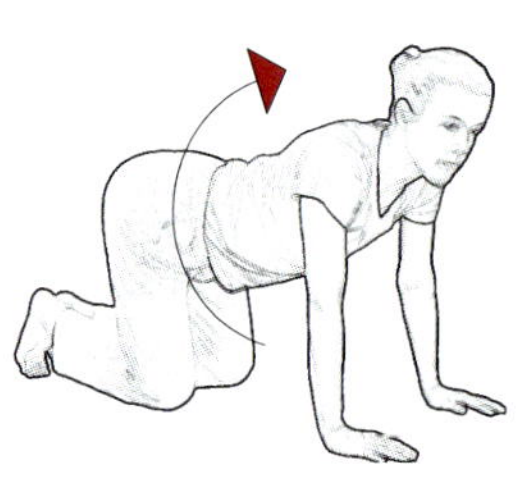

Abb. 32

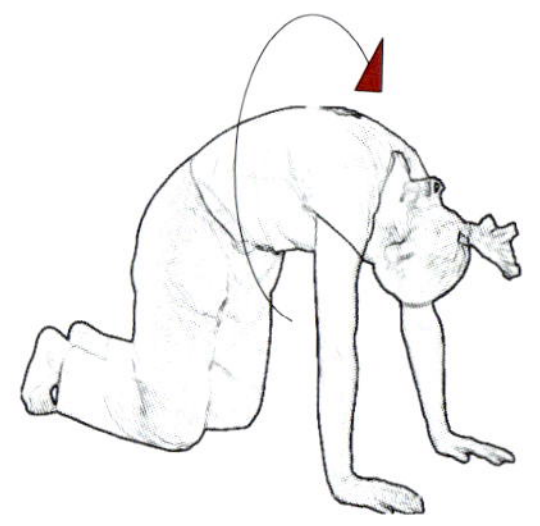

Abb. 33

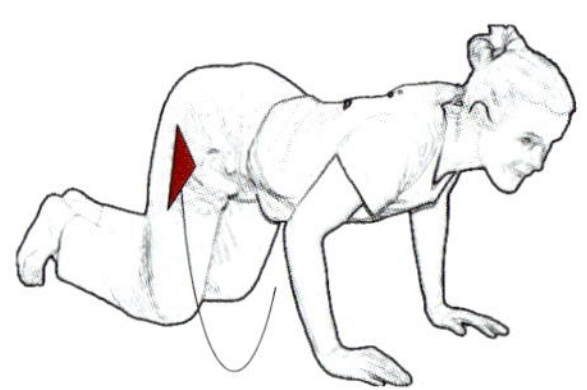

Abb. 34

Rücken strecken

Im Yoga ist diese Übung nach der Schlange „Kobra“ benannt.

- Liegend: Mit den Händen abstützen, um den Oberkörper nach oben/hinten zu strecken, dabei den Kopf in den Nacken legen (Abb. 30).
- Bewusst den gesamten Rumpf auf der Vorderseite langziehen.
- Vierfüßlerstand einnehmen, Hände nah an die Knie setzen und den Rücken nach oben drücken.
- Katzenbuckel machen und damit die Rückseite des Rumpfes langziehen (Abb. 31).

Rumpf seitlich kreisen

- Kniend: Vierfüßlerstand einnehmen und den Rumpf seitlich kreisen (Abb. 32-34).
- Gesamten Rumpf rechts und links herum jeweils 10 Mal kreisen.

Wofür?

- Zusammenspiel von Bauchmuskulatur und Beckenbodenmuskulatur
- Kräftigung der unteren Bauch- und Beckenmuskulatur,
  – um Schäden an der unteren Wirbelsäule, z. B. im *zenkutsu-dachi* 前屈立, vorzubeugen
  – um die Streckung der Wirbelsäule zu erleichtern
  – um Bewusstsein für das *tanden* 丹田 zu schulen

1.2 Einen Ruhezustand einleiten: *nyûsei* 入静

Atemübung Ki-Aikidô

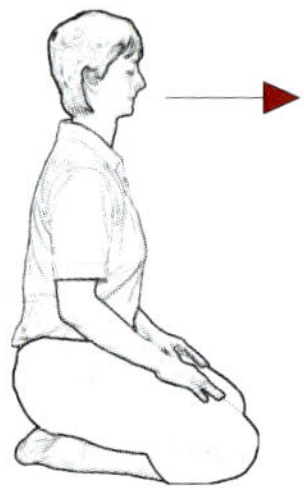

Abb. 35

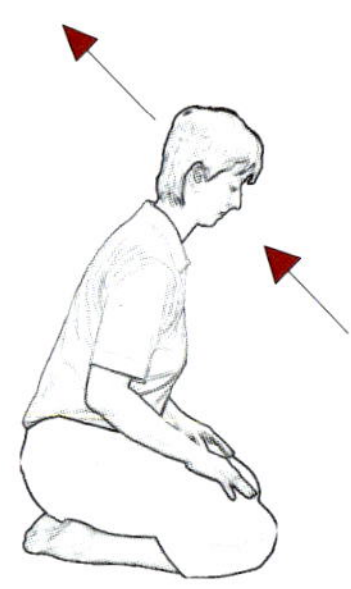

Abb. 36

1.2 Einen Ruhezustand einleiten: *nyûsei* 入静

Atemübung Ki-Aikidô

Kôichi Tôhei beschreibt diese Übung in seinem Buch **Ki im täglichen Leben** auf den Seiten 76 f.

Wie?

- Bevorzugt im *seiza* 正座 üben, funktioniert aber auch im Liegen oder Stehen (Abb. 35).
- Vor Beginn der Ausatmung darauf achten, dass das Körpergewicht nach unten gerichtet ist.
- Mit geöffnetem Mund nach vorne gerichtet ausatmen. Durch Verengung des Rachenraums in Ruhe so lange wie möglich einen „Ha-Laut" erzeugen.
- Nach der vollständigen Ausatmung leicht nach vorn beugen, um die restliche Luft aus der Lunge zu drücken.
- In dieser Haltung leicht nach vorne gebeugt (Abb. 36) beginnen, durch die Nase einzuatmen, indem wieder der Rachenraum verengt wird. In der Vorstellung die Einatmung zum Hinterkopf und Rücken lenken.
- Nach der vollständigen Einatmung Oberkörper aufrichten, sodass die drei *tanden* 丹田 übereinanderstehen. Hierbei gelangt noch zusätzlich etwas Luft in die Lungen.
- Dann wieder ausatmen.
- Mindestens 5 Minuten lang den Atem kommen und gehen lassen.

Wofür?

- Kleinste kapillare Gefäße öffnen
- Gute Durchblutung aller Organe
- Entspannungszustand erlangen

Finger verlängern

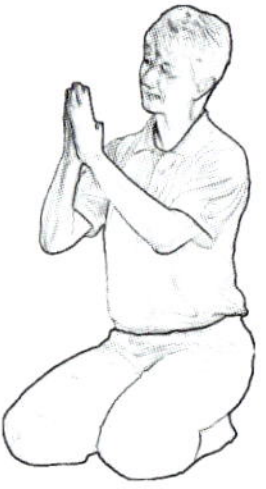

Abb. 37

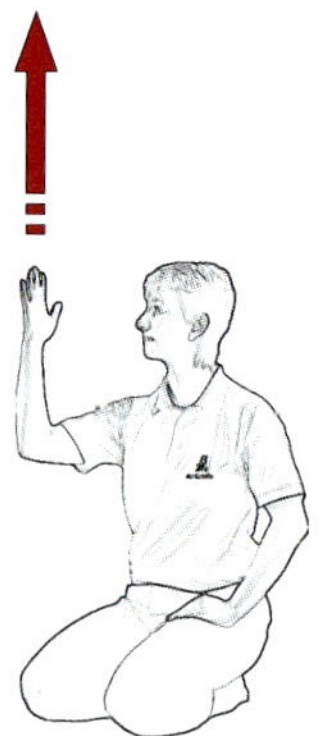

Abb. 38

Finger verlängern

Wie?

- Sitzend: Die Hände an den Falten des Handgelenks aneinanderlegen und prüfen, ob die Finger gleich lang sind (Abb. 37).
- Rechtshänder: Linke Hand seitlich etwas höher als Gesichtshöhe anheben. Linkshänder: Rechte Hand seitlich heben.
- Zuerst die Hand und die Finger ganz strecken, dann in einer entspannten Streckung lassen (Abb. 38).
- Atem bis ins *tanden* 丹田 einströmen lassen und danach durch den Körper, den Arm und durch die Fingerspitzen ausatmen.
- Dabei stelle ich mir vor, dass ein Wasserstrahl mit hohem Druck durch meine Finger bis zur Decke schießt.
- Das Ausatmen auf diese Weise 3 Mal wiederholen und **unmittelbar** danach erneut die Länge der Finger überprüfen.

Wofür?

- Möglichkeiten der Vorstellungskraft erfahren
- Entspannte Streckung (wie auch für effektive Karate-Techniken notwendig)
- Bewusstes Loslassen
- Bewusstes Öffnen der Gelenke

Positive Aktivierung

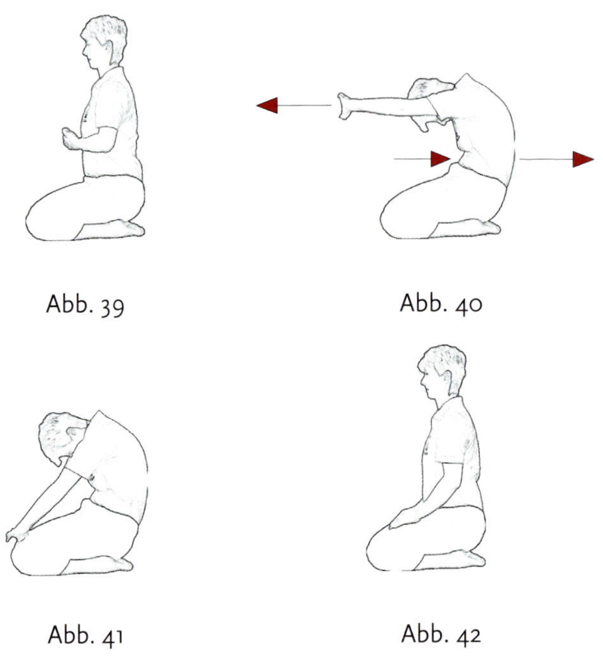

Abb. 39

Abb. 40

Abb. 41

Abb. 42

Bewusste Wahrnehmung

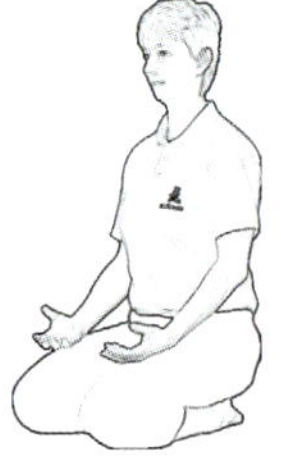

Abb. 43

Positive Aktivierung

Wie?

- Sitzend: Die Beine sind ganz geschlossen.
- Durch die Nase einatmen, dabei die Hände bis zur Brust führen. Die Finger verschränken, Handflächen zeigen nach oben (Abb. 39).
- Beim Ausatmen den Rücken rund machen, Bauch einziehen und die ineinander verschränkten Handflächen vom Körper weg nach vorn schieben (Abb. 40).
- Nach der vollständigen Ausatmung die Arme entspannt auf die Knie senken (Abb. 41). Vom Becken beginnend aufrichten und Luft einströmen lassen (Abb. 42).

Wofür?

- Das Einziehen des Bauches aktiviert die Produktion von Botenstoffen, welche sich positiv auf unseren Gemütszustand auswirken.

Bewusste Wahrnehmung

Wie?

- Sitzend: Hände liegen mit den Handinnenflächen nach oben entspannt auf den Oberschenkeln (Abb. 43).
- Aufmerksam in die Fingerspitzen hineinspüren und einige Male durch die Fingerspitzen ausatmen.
- Aufmerksam in die Ohren hineinspüren, über die Ohren ausatmen und dabei jeden noch so kleinen Laut wahrnehmen (Hände bleiben wie oben).
- Durch die Augen ausatmen und Fokus auf die gesamte Umgebung vergrößern.

Wofür?

- Sensibilisierung der Wahrnehmungsfähigkeit

Unbeugbarer Arm

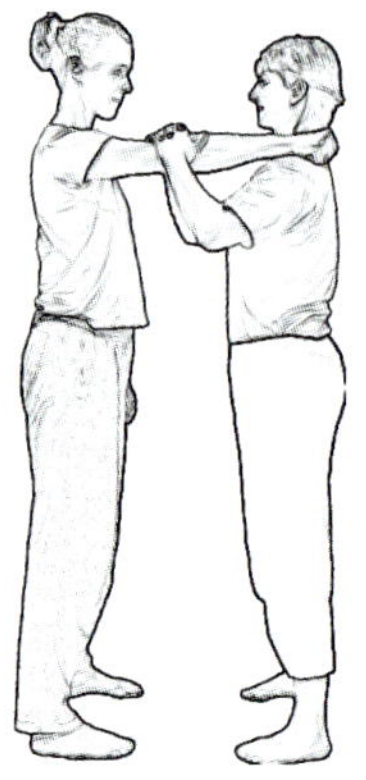

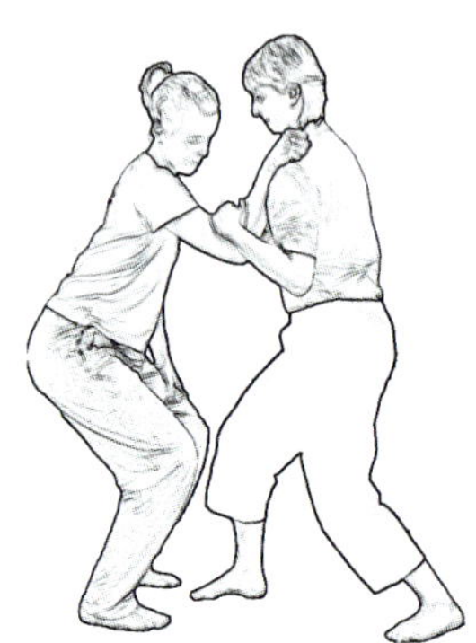

Abb. 44

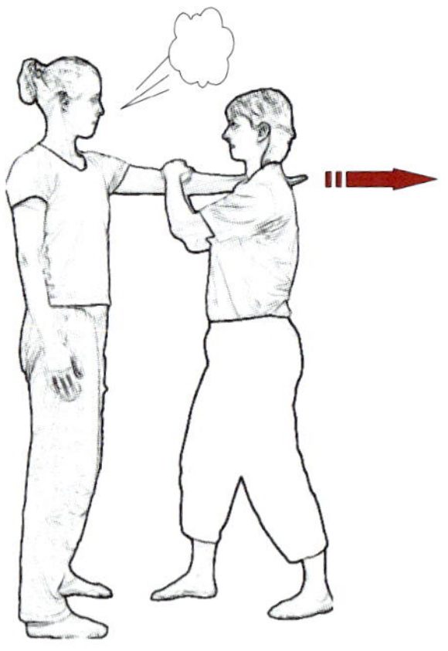

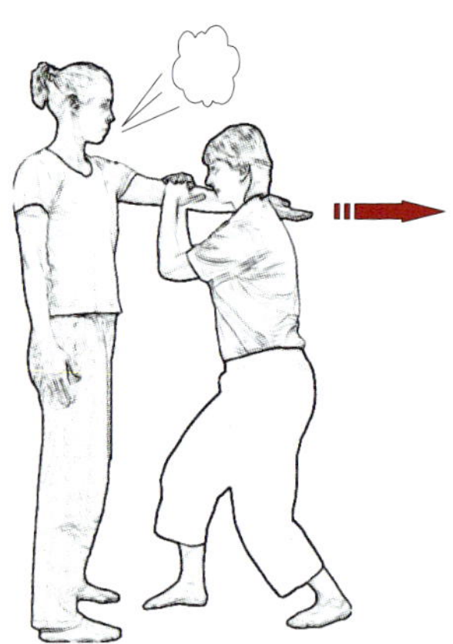

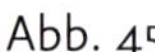

Abb. 45

Abb. 46

Unbeugbarer Arm

Vorübung

Ich lege zuerst meine Faust auf die Schulter meiner Partnerin/meines Partners. Die Ellenbeuge zeigt nach oben. Der Arm und die Faust sind so stark wie möglich angespannt. Mein/e Partner/in drückt mit beiden Händen in meine Ellenbeuge und „bricht" meine Armstreckung (Abb. 44).

Danach die Übung

Wie?

- Stehend: Die Hand ruht auf der Schulter des Partners. Die Ellenbeuge zeigt wieder nach oben. Arm und Hand sind entspannt gestreckt.
- Ich stelle mir vor, dass durch den Arm und die Finger ein starker Wasserstrahl gepumpt wird, welcher ein Loch durch die nächste Wand bricht (Abb. 45).
- Mein/e Partner/in hat wieder ihre Arme auf meiner Ellenbeuge liegen und versucht diese durch vermehrten Druck zu beugen (Abb. 46).

Wofür?

- Potenziale der Vorstellungskraft erfahren
- Gelenke mithilfe der Vorstellungskraft entspannt strecken
- Arbeit mit Bildern erfahren: Je konkreter das Bild, desto stabiler wird der Arm und desto unmöglicher ist es, diesen zu beugen.

Karate-Techniken bekommen ihre Stabilität durch die Öffnung der Gelenke. Diese Übung hilft, dies in Ruhe auszuprobieren. Sie zeigt, was es bedeutet, dass eine Fausttechnik „gedanklich über das Ziel hinausgehen soll".

1.3 Sonstige Übungen

Weite finden

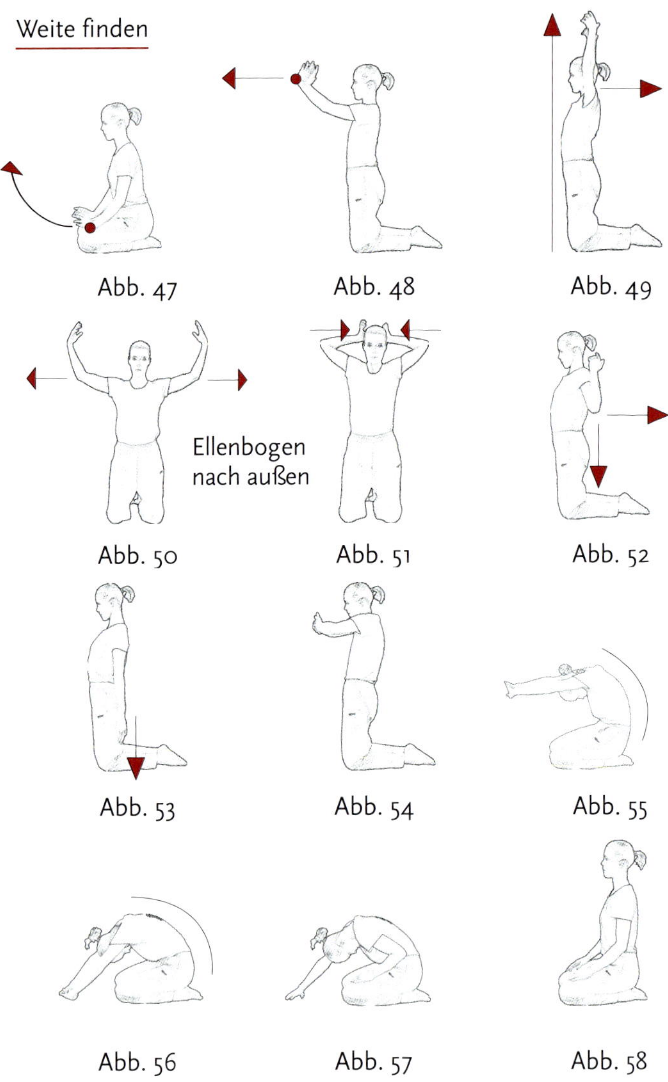

Abb. 47 Abb. 48 Abb. 49

Abb. 50 Abb. 51 Abb. 52

Abb. 53 Abb. 54 Abb. 55

Abb. 56 Abb. 57 Abb. 58

1.3 Sonstige Übungen

Weite finden

Wie?

- Der in Abbildung 47 und 48 gekennzeichnete Punkt führt die kreisförmige Bewegung der Hände, der Schultern und des gesamten Körpers nach oben (Abb. 48).
- Dann Arme nach außen öffnen (Abb. 49), die Handflächen zeigen zueinander (Abb. 50). Durch die Öffnung des Oberkörpers Luft einströmen lassen.
- Handflächen zusammenführen (Abb. 51), hinter dem Rücken langsam hinunterführen. Dabei die Muskulatur um die einzelnen Rückenwirbel stark zusammendrücken (Abb. 52). Zugleich Luft bis ins *tanden* 丹田 senken.
- Schulterblätter zum Boden sinken lassen (Abb. 53).
- Die Luft plötzlich aus dem Körper entweichen lassen, Schultern und Rücken entspannen (Abb. 54). Die Arme vor dem Körper strecken (Abb. 55) und die Handflächen zum Boden führen (Abb. 56). Dabei vollständig ausatmen.
- Auf dem Oberschenkel abstützend aufrichten (Abb. 57), die andere Hand folgt der Bewegung. Durch die Aufrichtung strömt Luft in den Körper ein.
- Hände ruhen auf den Oberschenkeln, Luft in das *tanden* 丹田 absenken (Abb. 58) und **danach** ausatmen.
- Die Übung mindestens 3 Mal wiederholen.

Wofür?

- Rücken kräftigen und mögliche Fehlstellungen korrigieren
- Vegetatives Nervensystem stimulieren
- Sympathikus beruhigen
- Verbesserung des Flusses der Rückenmarksflüssigkeit

„Weiter, als du denken kannst“

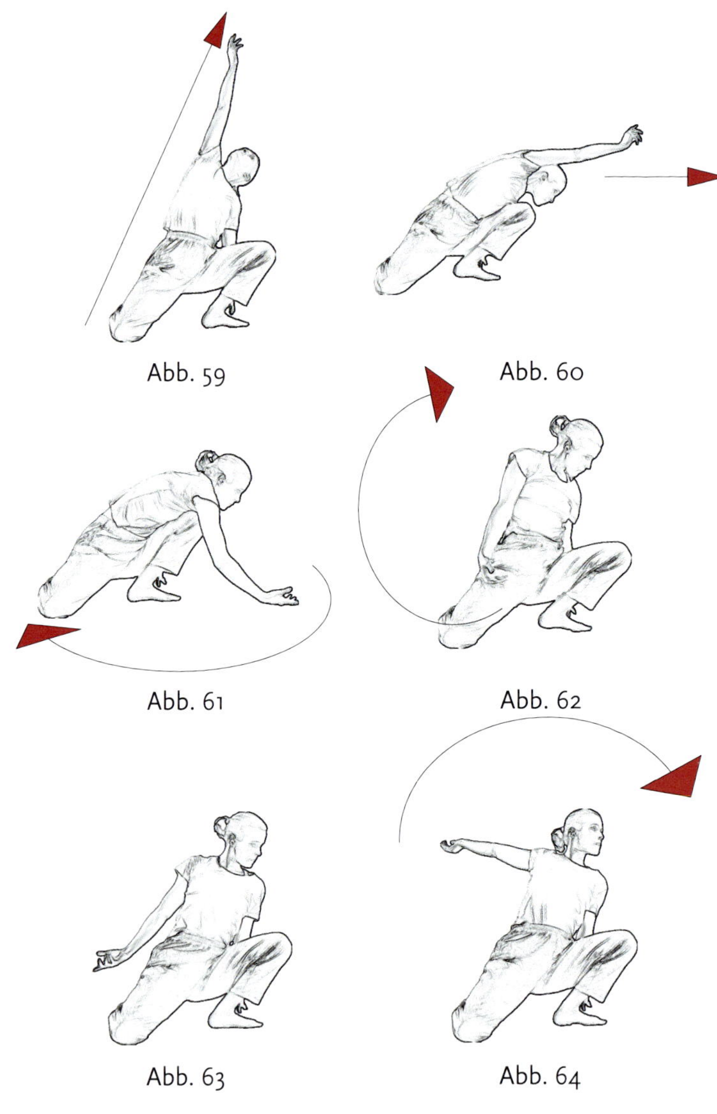

Abb. 59

Abb. 60

Abb. 61

Abb. 62

Abb. 63

Abb. 64

„Weiter, als du denken kannst"

Das ist die Vorstellung, die ich habe, während ich vom *tanden* 丹田 aus diese Bewegung ausführe und mich dabei größer und weiter mache, als ich denken kann. Über mich hinaus zu wachsen, ist das Ziel.

Wie?

- Mit dem Ausschütteln der rechten Hand und des rechten Handgelenks Richtung Himmel beginnen. Anschließend den Arm und die Körperseite vom Knie bis zum kleinen Finger strecken (Abb. 59).
- Das *tanden* 丹田 führt die Bewegung, indem es sich a) in der Vorstellung zuerst in die vorgegebene Richtung bewegt und b) der Körper vom *tanden* 丹田 aus die Bewegung startet.
- Rumpf, Schulter, Arm und Hand folgen.
- Das Schließen des Körpers führt zur Ausatmung. Dabei Arm und Körper weit nach vorne strecken (Abb. 60).
- Die kreisförmige Bewegung wird weitergeführt (Abb. 61).
- Ist die Hand etwa unterhalb des *tanden* 丹田, endet die Ausatmung (Abb. 62).
- Das erneute Öffnen des Körpers führt zur Einatmung. Beginnend vom *tanden* 丹田 öffnet sich der Oberkörper und der Arm (Abb. 63) und wird weiter nach oben gestreckt (Abb. 64), bis er wieder zum Himmel zeigt (Abb. 59).
- Mindestens 10 Mal wiederholen, auch mit Richtungsänderung und mit dem linken Arm.

Wofür?

- Fördern der Beweglichkeit des Rumpfes, der Sprung-, Knie- und Hüftgelenke
- Befreien des Geistes: „Über sich hinauswachsen"!

Sprunggelenke dehnen

1)

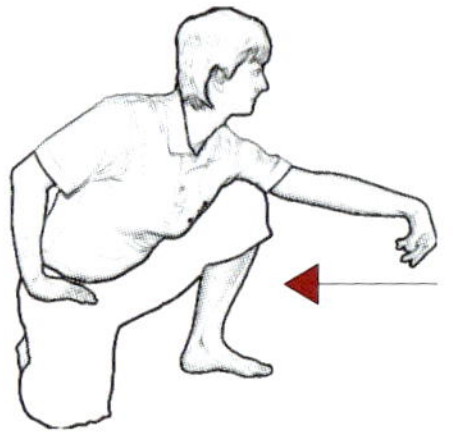

Abb. 65

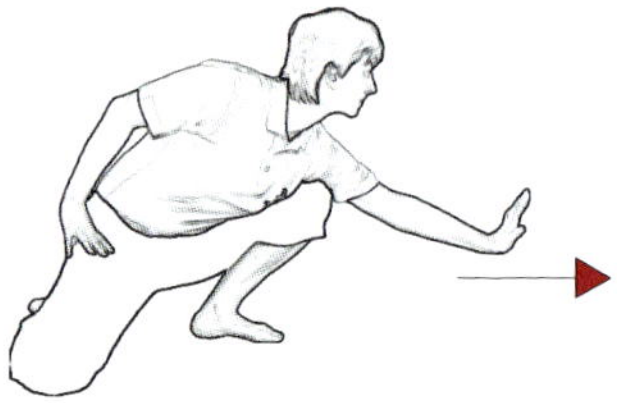

Abb. 66

2)

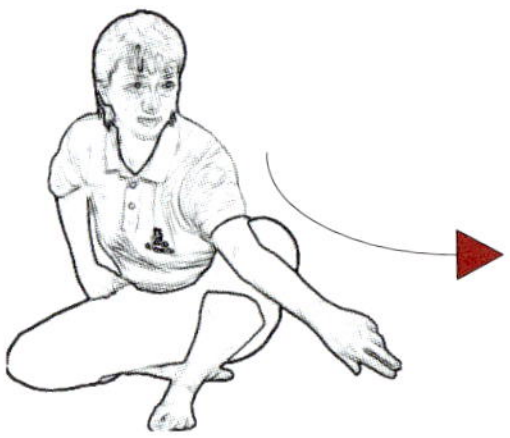

Abb. 67

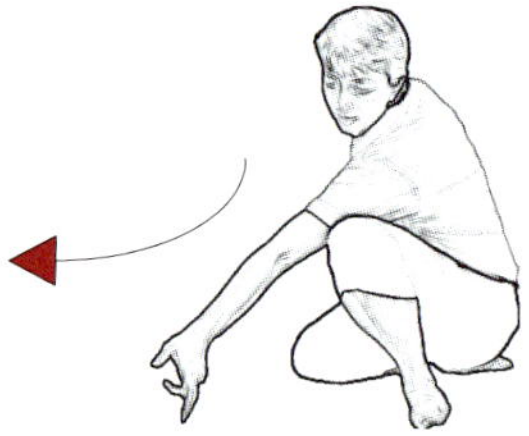

Abb. 68

3)

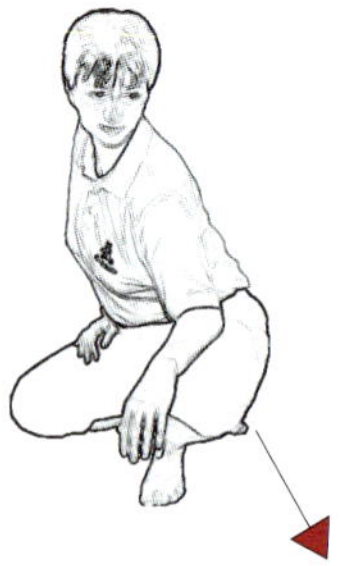

Abb. 69

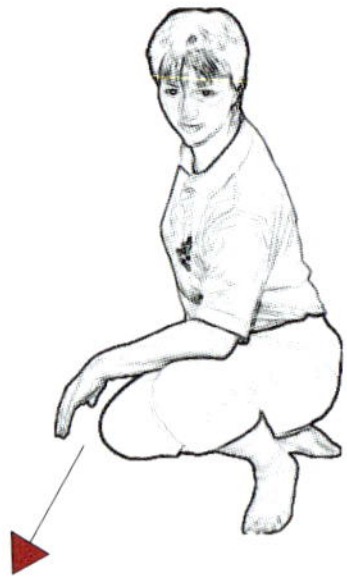

Abb. 70

Sprunggelenke dehnen

Hier wird nur ein Ausschnitt der Übungen zur Förderung der Beweglichkeit des Sprunggelenks beschrieben.

Wie?

1)

- Im *seiza* 正座 sitzen und dann das rechte Bein im 90°-Winkel seitlich aufstellen und das Handgelenk so weit wie möglich nach unten anwinkeln (Abb. 65).
- Das Gewicht zum aufgestellten Fuß hin verlagern und das Handgelenk so weit wie möglich nach oben anwinkeln (Abb. 66). Ferse/Fußsohle bleibt am Boden.
- 10 Mal wiederholen und den Arm dabei gestreckt lassen.

2)

- Den Arm auf die Innenseite des Knies setzen und das Knie nach außen drücken, bis die Außenkante der Fußsohle belastet wird (Abb. 67).
- Dann das Knie nach innen fallen lassen, bis die Innenkante der Fußsohle belastet wird (Abb. 68).
- 10 Mal wiederholen und den Arm dabei gestreckt lassen.

3)

- Den Unterarm entspannt kurz hinter dem Knie auf den Oberschenkel auflegen und über den am Rücken liegenden Rippenanteil Druck in Richtung kleiner Zeh geben, bis sich die Ferse hebt (Abb. 69).
- Dann den Druck nachlassen, bis die Ferse wieder aufsetzt, und anschließend den Druck Richtung großer Zeh geben, bis sich die Ferse wieder hebt (Abb. 70).
- 10 Mal wiederholen.

Wofür?

- Beweglichkeit der Fuß-, Knie- und Hüftgelenke und des Rumpfes

2.

Ki-Übungen

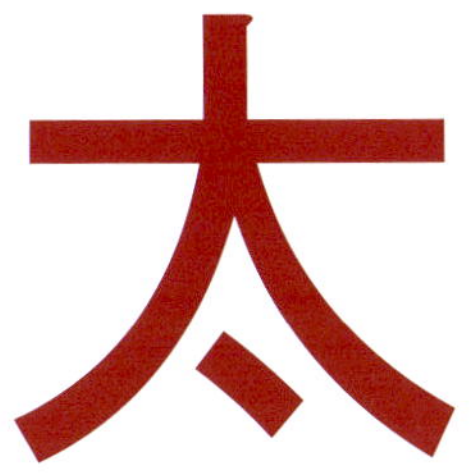

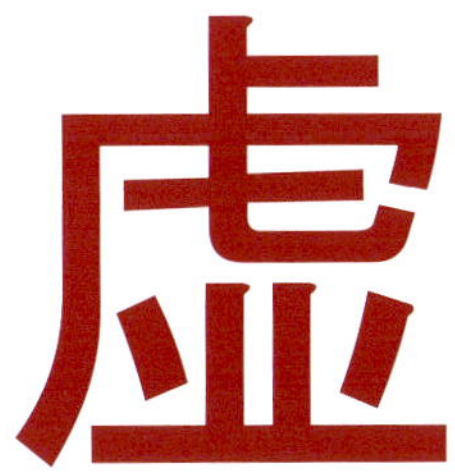

taikyo

Leere, leerer Raum, Himmel, Ursprung von Ki

Man kann einen Menschen nichts lehren.
Man kann ihm nur helfen,
es in sich selbst zu entdecken.

Galileo Galilei

Nach den vorbereitenden Übungen, mit denen Körper und Geist ausgerichtet werden können, geht es nun um die Übungen, die im Allgemeinen als **Ki-Übungen** bezeichnet werden. Die Übungen werden auch *yurumi taisô* 緩み体操 genannt. *Yurumi* 緩み lässt sich übersetzen mit: Spannungen lösen. *Taisô* 体操 heißt: körperliche Übungen. Bei den Ki-Übungen geht es um körperliche Übungen zum Lösen von Spannungen.

Aus den japanischen Namen der Übungen lässt sich oft schon das, was mit der jeweiligen Übung erreicht werden soll, entnehmen. Besonders die Übungen unter 2.1 werden allen, die schon einmal auf einem Ki-Lehrgang waren oder an einem Ki-Training teilgenommen haben, bekannt sein. Unter 2.2 finden sich weitere Ki-Übungen. Unter 2.3 beschreiben wir vier Atem-Übungen, *kokyû hô* 呼吸法, unter 2.4 stellen wir Partner-Übungen, *dôki* 導氣, vor.[4]

4 Die folgenden Angaben sind zu großen Teilen einem Handzettel entnommen, den Osamu Aoki erstmals bei seinem Gasshuku im Jahr 2004 verteilte.

2.1 Loslass-Übungen I: *yurumi taisô* 緩み体操

Ki 0: *yurashi-yuru* 揺緩 – gesamten Körper schüttelnd lösen

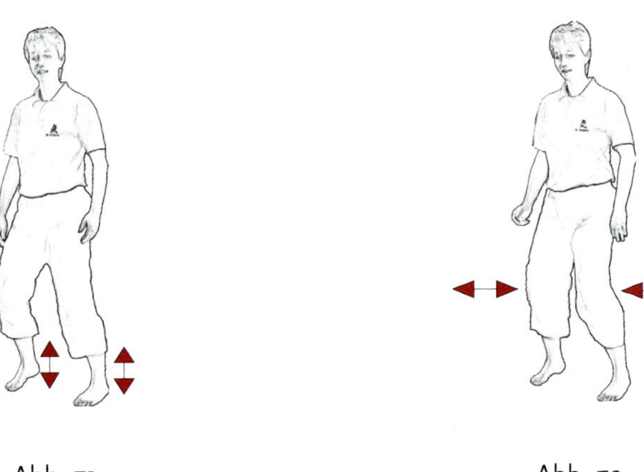

Abb. 71 Abb. 72

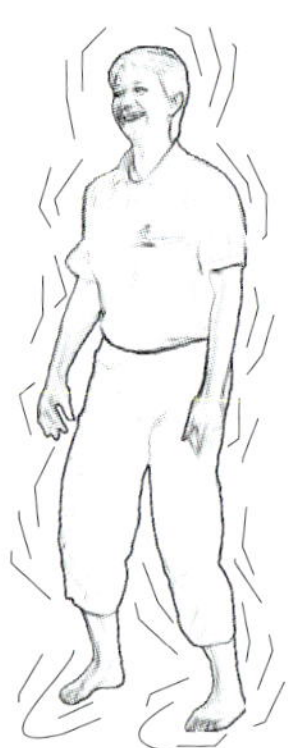

Abb. 73

2.1 Loslass-Übungen I: *yurumi taisô* 緩み体操

Ki 0: *yurashi-yuru* 揺緩 – gesamten Körper schüttelnd lösen

Diese Übung haben Teilnehmer/innen eines Kurses von mir „nasser Hund" genannt. Es geht darum, sich von Kopf bis Fuß zu schütteln, so wie es ein Hund macht, der sich das Wasser aus dem Fell schüttelt. Schütteln wir das von uns ab, was wir nicht haben möchten, und machen wir uns frei für das Neue und das Schöne!

Wie?

- Stehend: Mit den Fersen auf den Boden trommeln, bis die Beine und der Po wackeln (Abb. 71).
- Danach mit den Knien schlackern, bis die Beinmuskulatur sich schüttelt (Abb. 72).
- Dann die Hüften schütteln und langsam weiter die Wirbelsäule hochschütteln, bis auch der Kopf „schlackert" (Abb. 73).

Wofür?

- Überprüfen des Körpers auf Verspannungen
- Lösen von Verspannungen
- Entspannen, um Anspannen zu ermöglichen und um Schnelligkeit zu gewinnen.

Schütteln in der Medizin

Vibration heißt übersetzt Schütteln. Die westliche Schulmedizin kennt Schütteln vor allem bei elektrisch betriebenen Vibrations-Massagegeräten. Die Vibrationen wirken entkrampfend und lockernd. Sie fördern auch die psychische Entspannung.

Die Traditionelle Chinesische Medizin (TCM) nutzt in der Tuina-Massage das Schütteln, Dehnen und Drücken zur Aktivierung von *ki* 氣.

Ki 1: *hine-yuru* 捻緩 – verwringend den Körper lösen

Chûdan 中段

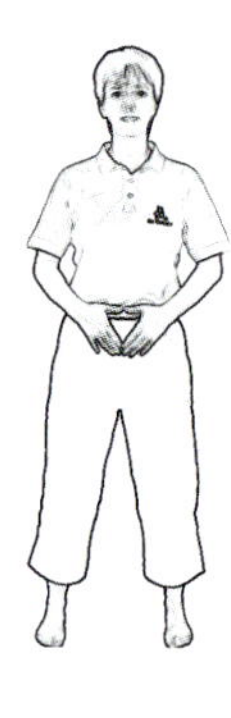

Abb. 74

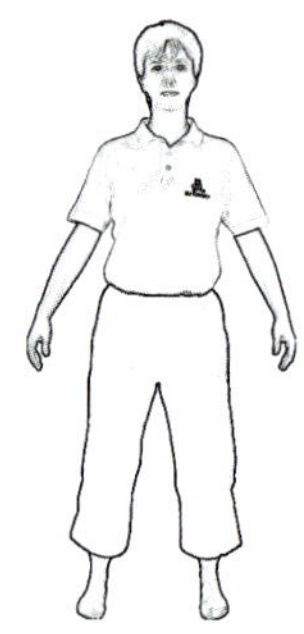

Abb. 75

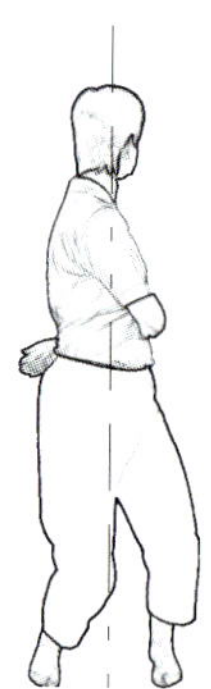

Abb. 76

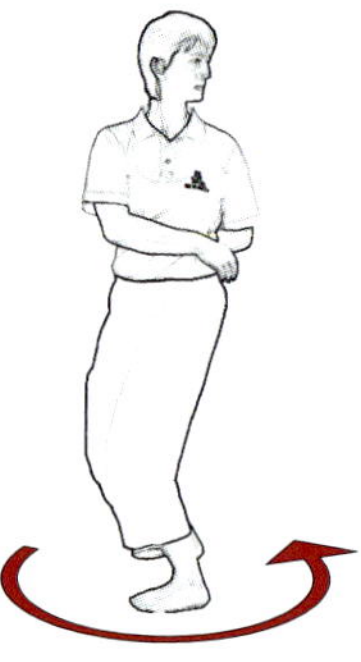

Abb. 77

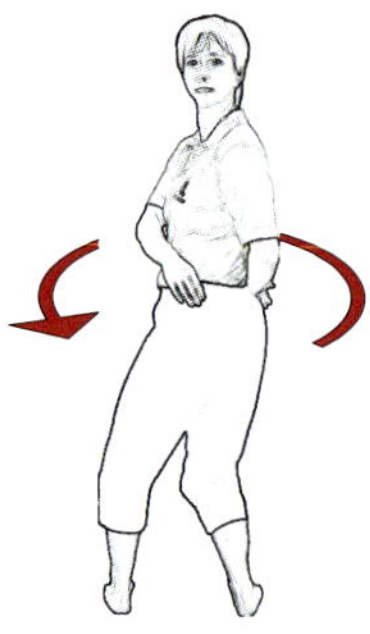

Abb. 78

Ki 1: *hine-yuru* 捻緩 – verwringend den Körper lösen

Achtung: Das altbekannte „kräftige" Ein- und Verdrehen des Körpers hat nur wenig mit dieser Übung zu tun. Stattdessen geht es hier darum, sensibel in sich hineinzuspüren, die eigene Mitte zu finden und loszulassen.

Chûdan 中段

Wie?

- Stehend: Die Zehen zeigen leicht nach innen, die Wirbelsäule ist aufrecht und die Hände liegen vor dem *tanden* 丹田 (Abb. 74).
- Bewusstes Einsetzen der Vorstellungskraft: Den Atem in Gedanken von der Fußsohle bis zum Scheitelpunkt einströmen lassen.
- Danach die Luft über das Gesicht, den Hals und den Bauch bis ins *tanden* 丹田 absinken lassen und durch die Beine ausatmen, 2 Mal wiederholen.
- Beim dritten Mal **nicht** durch die Beine ausatmen, sondern die Luft bis ins *tanden* 丹田 hinabsenken und von dort ausatmen, als ob gegen die Handfläche gepustet würde. Dabei öffnen sich die Arme, bis sie seitlich vor dem Körper hängen (Abb. 75).
- In dieser Stellung anfangen, mit der kreisförmigen Gewichtsverlagerung in der Fußsohle beginnend, sich um das *seichûsen* 正中線 zu verwringen (Abb. 76-78).
- Diese Spiralbewegung läuft über die Beine, die Hüftgelenke und den Rumpf bis zum Scheitelpunkt.
- Die hängenden Arme zuerst in *chûdan* 中段-Höhe schwingen lassen.

Mit Höhenwechsel:

Jôdan 上段

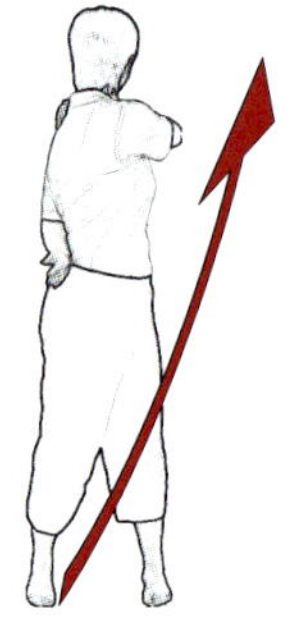

Abb. 79

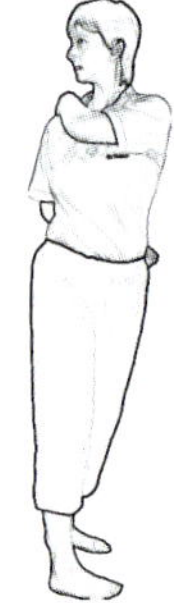

Abb. 80

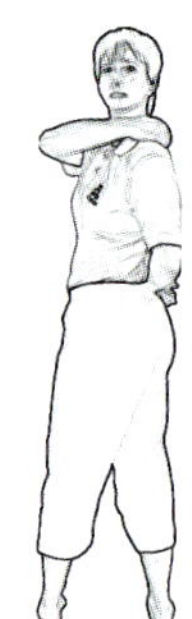

Abb. 81

Gedan 下段

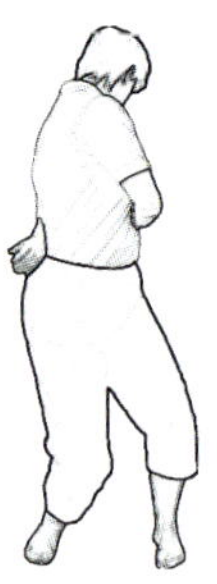

Abb. 82

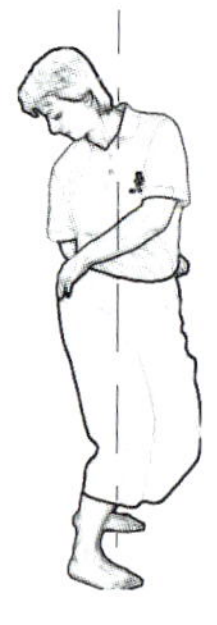

Abb. 83

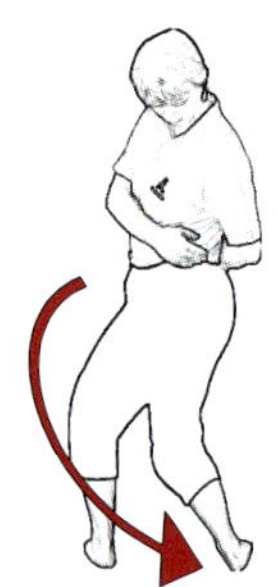

Abb. 84

Mit Höhenwechsel

In den Verlauf der Bewegung Höhenwechsel einfügen:

Jôdan 上段

- Die Arme abwechselnd über die Schultern auf die Nackenmuskulatur schwingen lassen (Abb. 79-81).
- Die Arme „sich bewegen lassen", als ob eine Kugel aus der Körpermitte sich schräg nach oben bewegt und damit den Armen ihre Richtung gibt.

Gedan 下段

- Die Arme in Richtung der Ferse fallen lassen und den Blick auf die gegenüberliegende Ferse richten (Abb. 82-84).
- Das *jô-tanden* 上丹田 bei der *gedan* 下段-Verwringung Richtung Ferse senken lassen.
- Der Oberkörper bleibt aufrecht, *ge-tanden* 下丹田 und *chûtanden* 中丹田 bleiben im *seichûsen* 正中線. Nur das Schulterblatt in Richtung Beckenkamm hinunterfallen lassen.
- Dabei schließt sich die hintere Rippenpartie.

Jede Höhe 8-10 Mal wiederholen: Erst *chûdan* 中段, dann *jôdan* 上段, dann *gedan* 下段 und **immer** mit *chûdan* 中段 abschließen!

Wofür?

- Sensibilisieren der Fußsohlen
- Fußsohlen als Impulsgeber einer Technik
- Entwicklung eines Gespürs für das *seichûsen* 正中線
- Bewusstmachen des Wirkungsradius um sich herum
- Lösen des gesamten Körpers
- Strecken der Wirbelsäule in der Drehbewegung
- Flexibilität und Durchblutung des gesamten Körpers

Ki 2: *yoko-yuru* 横緩 – Arme und Körper seitlich öffnend lösen

Langsam

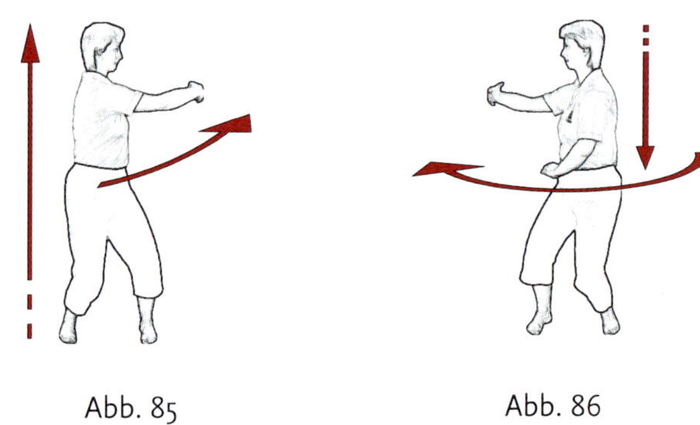

Abb. 85 Abb. 86

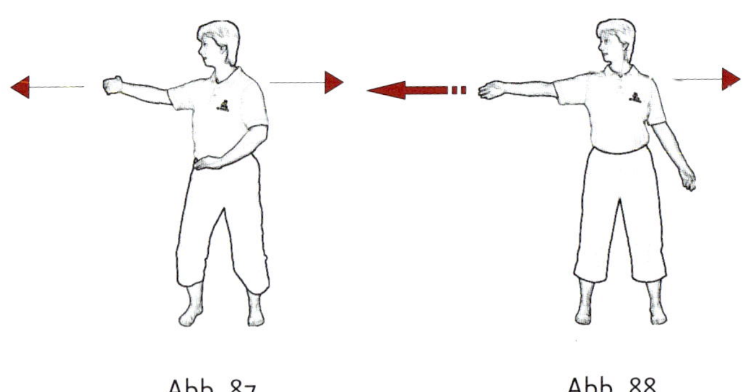

Abb. 87 Abb. 88

Ki 2: *yoko-yuru* 横緩 – Arme und Körper seitlich öffnend lösen

In unserer Brust schlägt unser Herz. Das Herz ist in vielen Kulturen das Symbol der Liebe. Fühlen wir uns geliebt, dann wird unsere Brust weit und unser Herz offen. Es ist unermüdlich und hofft zeitlebens auf liebevolle Begegnungen.

Das Herz und den Brustraum zu öffnen, weich und flexibel zu halten, erfordert Mut und Geduld. Denn unser Herz zu öffnen, heißt auch, uns für Gefühle zu öffnen, die wir verschlossen halten. Die folgende Übung zielt in besonderer Weise darauf ab, den Brustbereich zu öffnen.

Wie? (langsam)

- Stehend: Mit leicht gebeugten Knien die Fußsohlen ganz auf dem Boden spüren.
- Oberkörper nach links drehen, den rechten Arm langsam gebeugt anheben, bis fast auf Schulterhöhe. Dabei Luft einströmen lassen (Abb. 85).
- Den Oberkörper langsam nach rechts drehen und nach rechts blicken. Die Luft ins *tanden* 丹田 absenken (Abb. 86).
- Dann öffnet sich der rechte Arm, der Oberkörper dreht sich dabei wieder so weit zurück, dass die Schultern über den Hüften sind und die Brust geöffnet wird (Abb. 87).
- Zum Ende dieser öffnenden Bewegung strömt die Luft durch den rechten Arm hinaus (Abb. 88).
- Arme und Brust wieder schließen, die Bewegung ebenso zur linken Seite ausführen.

Wofür?

- Beweglichkeit des Brustkorbs
- Flexibilität der Brustwirbelsäule
- Nutzen der Erdanziehung

Schnell

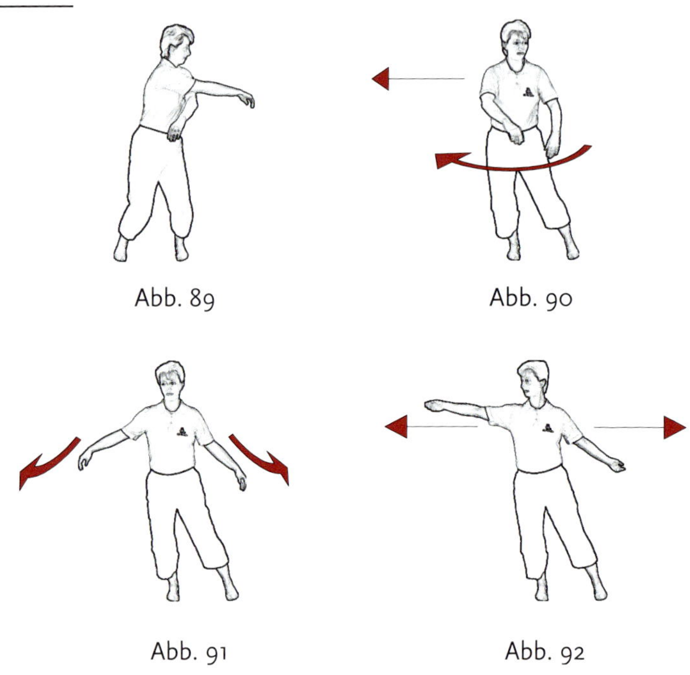

Abb. 89 Abb. 90

Abb. 91 Abb. 92

Ki 2 a, Vorübung für *uraken uchi* 裏拳打

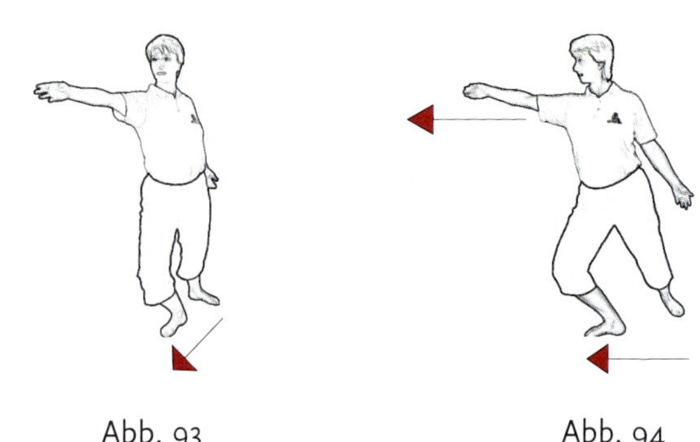

Abb. 93 Abb. 94

Wie? (schnell)

- Stehend: Knie leicht beugen, Arme vor dem Körper kreuzen, rechter Arm ist über dem linken Arm, Brust schließen, Gewicht ist auf dem linken Bein (Abb. 89).
- Gewicht auf das rechte Bein verlagern, rechten Arm seitlich nach rechts schwingen lassen (Abb. 90).
- Die Bewegung erfolgt mit der Ausatmung kettenförmig von der Fußsohle bis zur Streckung des jeweiligen Armes und bis zum vollständigen Öffnen des Brustraums (Abb. 91).
- Das Brustbein wird dabei nach oben angehoben und die Schulterblätter fallen nach unten (Abb. 92).

Wofür?

- Einzelne Gelenke spüren
- Loslassen und Fließen lassen
- Impuls aus der Fußsohle
- Koordination von Atmung und Bewegung
- Brustbereich seitlich öffnen, wie z. B. bei *uraken uchi* 裏拳打, *shutô uke* 手刀受

Ki 2 a, Vorübung für *uraken uchi* 裏拳打

Wie?

- Den Fuß zur öffnenden Seite hin um 45° (Abb. 93) bzw. 90° (Abb. 94) nach hinten drehen, das Gewicht ist über dem großen Zeh.
- In die gleiche Richtung blicken, in die der große Zeh zeigt.
- Nacheinander die Gelenke und den Körper bis nach hinten 45° bzw. 90° öffnen.

Wofür?

- Gewichtsverlagerung bewusst steuern
- Gleichgewichtsübung
- Impuls aus der Fußsohle bis in die Fingerspitzen

Ki 3: *otoshi-yuru* 落緩 – den Arm und den Körper fallen lassend lösen

1. Passiv: Luft einströmen lassen durch Streckung des gesamten Körpers in den Himmel

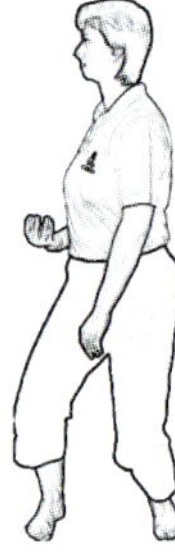

Abb. 95

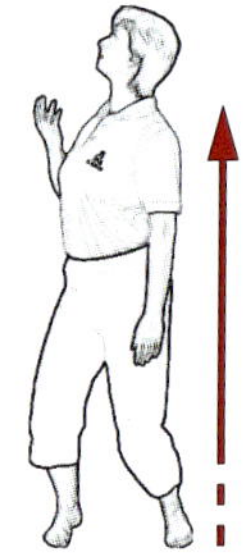

Abb. 96

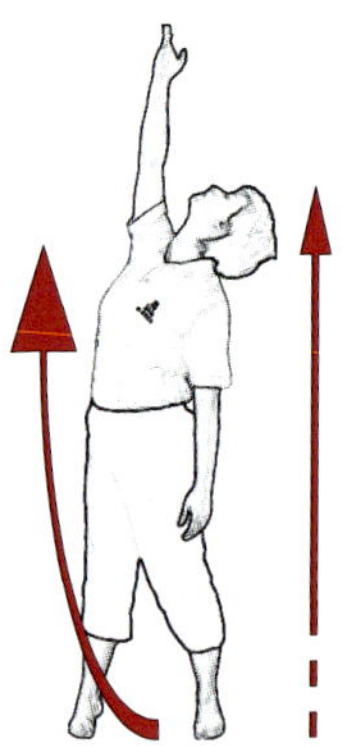

Abb. 97

Ki 3: *otoshi-yuru* 落緩 – den Arm und den Körper fallen lassend lösen

Eine Übung, um sich fallen zu lassen – für Körper, Geist und Seele. Sich einfach einmal fallen zu lassen, ist gesund, hält jung und kann so schön sein.

Wofür?

- Arbeit mit der Erdanziehung
- Arbeit mit der Schwerkraftlinie *seichûsen* 正中線
- Lösen der Schultern, des Rumpfes, des gesamten Körpers
- Mögliche Vorübung, um das Gewicht in die (Karate-)Technik zu bringen

Wie?

1. Passiv: Luft einströmen lassen durch Streckung des gesamten Körpers in den Himmel

- Stehend: Sämtliche Gelenke entspannen, dabei Beine und Unterkörper stabil halten, Oberkörper 45° nach rechts drehen (Abb. 95).
- Die rechte Hand vor das *tanden* 丹田 halten, die Fingerspitzen zeigen nach oben, der kleine Finger ist am Bauch.
- Druck auf die Fußsohlen geben, dadurch strecken sich die Beine, der Rumpf und der gesamte Körper. Der rechte Arm steigt langsam nach oben in Richtung Verlängerung des Scheitelpunkts bis in den Himmel und die Luft strömt ein (Abb. 96).
- Der rechten Hand hinterherschauen und den Kopf entspannt in den Nacken legen (Abb. 97).
- Der Körper ist bis in die Fingerspitzen gestreckt. Die linke Schulter hängt entspannt.
- Den nach oben gestreckten Arm und die Finger so weit wie möglich im Uhrzeigersinn verdrehen, bis der gesamte Körper spiralförmig verdreht ist.

Fortsetzung des Bewegungsablaufs auf der nächsten Seite ...

2. Aktiv: Luft ins *tanden* 丹田 hinabsenken

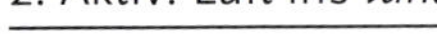

Variante 1

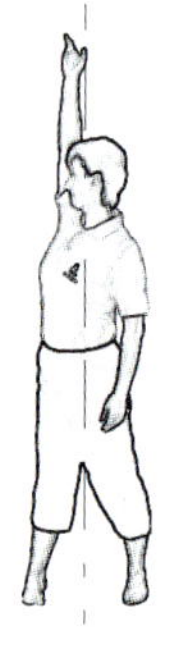

Abb. 98

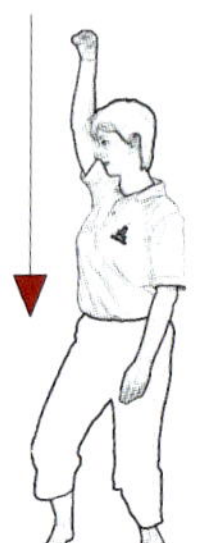

Abb. 99 a

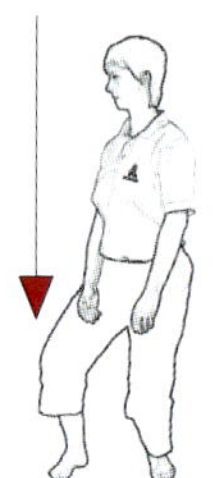

Abb. 99 b

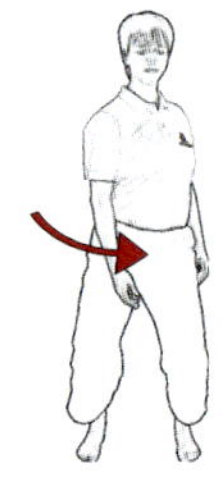

Abb. 99 c

Variante 2

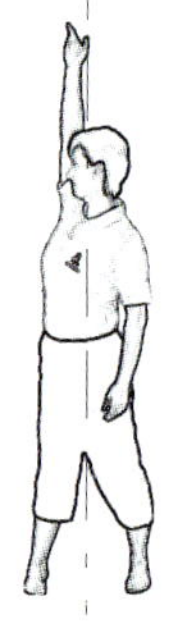

Abb. 98

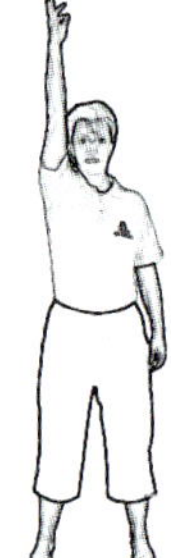

Abb. 100 a

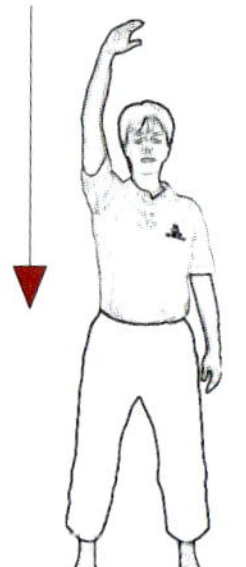

Abb. 100 b

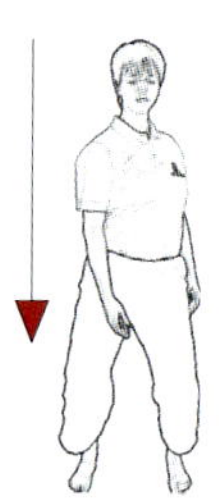

Abb. 100 c

3. Aktiv: Ausatmen

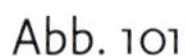

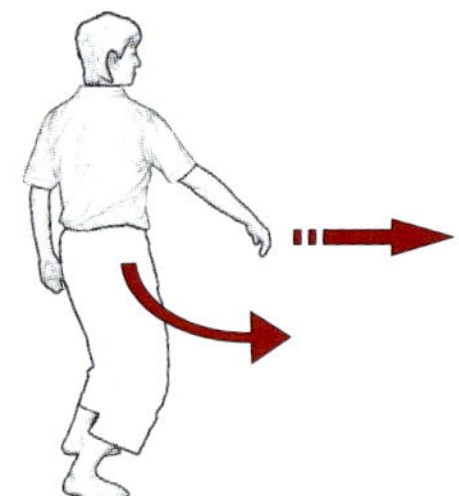

Abb. 101

...weiter aus der Haltung wie in Ki 3, siehe Abbildung 97:

2. Aktiv: Luft ins *tanden* 丹田 hinabsenken

Variante 1: Entspannen in der diagonalen Verwringung

- Den Kopf gerade ausrichten und die Schwerkraftlinie *seichûsen* 正中線 finden (Abb. 98).
- Den gesamten Körper in der diagonalen Verwringung von oben nach unten lösen, dabei den Arm zu Beginn entspannt oben halten (Abb. 99 a).
- Die Luft über das Gesicht, den Hals, die Brust und den Magen bis zum *tanden* 丹田 hinabsenken, bis der gesamte Körper die Erdanziehung spürt, dann den rechten Arm weich und fließend vor dem Körper hinabsinken lassen (Abb. 99 b).
- Das letzte „Entwringen" des Körpers folgt mit der Ausrichtung nach vorn (Abb. 99 c).

Variante 2: Erst Entwringen und dann Entspannen

- Den Kopf gerade ausrichten und die Schwerkraftlinie *seichûsen* 正中線 finden (Abb. 89).
- Noch in der Streckung den Körper „entwringen", bis der Oberkörper gerade nach vorn zeigt (Abb. 100 a).
- Dann von oben nach unten entspannen (Abb. 100 b).
- Dabei die Luft über das Gesicht und den vorderen Rumpf zum *tanden* 丹田 absenken. Den rechten Arm erst sinken lassen, dann weich fallen lassen (Abb. 100 c).

3. Aktiv: Ausatmen

- Die Ausatemphase beginnt, wenn der Arm vom Oberschenkel nach vorn schwingt, dabei wird das Gewicht des gesamten Körpers bis zum Erdmittelpunkt fallen gelassen (Abb. 101).
- Danach die Übung auf der anderen Seite und mit dem anderen Arm wiederholen, je Seite 5 Mal.

Ki 4: *age-yuru* 上緩 – *ki* 氣 und Arme nach oben führend lösen

Hoch:

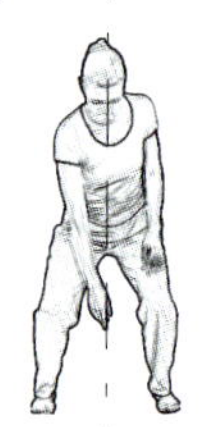

Abb. 102

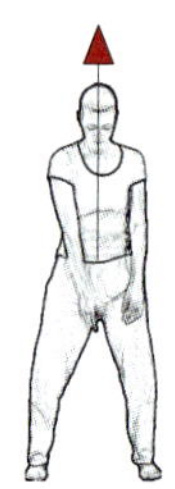

Abb. 103

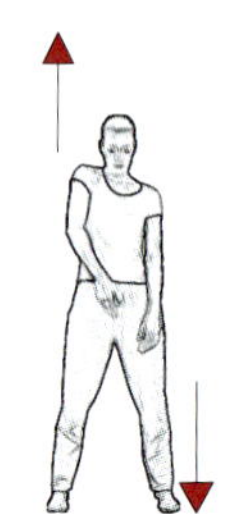

Abb. 104

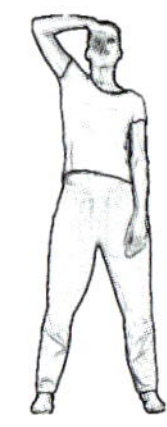

Abb. 105

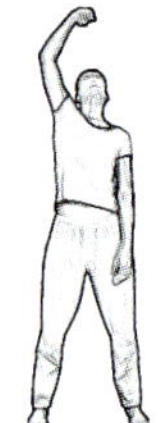

Abb. 106

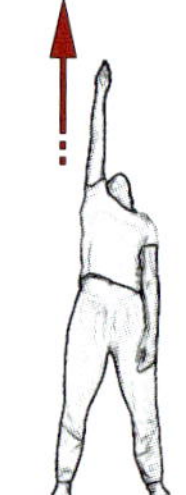

Abb. 107

Runter:

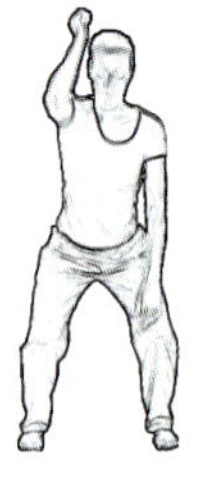

Abb. 108

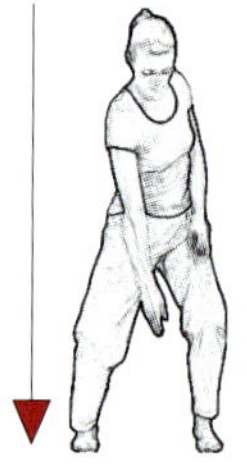

Abb. 109

Ki 4: *age-yuru* 上緩 – *ki* 氣 und Arme nach oben führend lösen

Diese Übung wird auch beschrieben als „Daunenfeder in den Himmel werfen“. Achtung: Etwas ganz Leichtes zu werfen, erfordert eine andere Koordination, als etwas Schweres zu werfen.

Wie?

- Stehend: Knie gebeugt, den rechten Arm vor dem Körper mittig hängen lassen, der andere Arm hängt entspannt an der Seite (Abb. 102).
- Druck über die Fußsohlen zur linken Hüfte weitergeben (Abb. 103) und den vorderen Arm über Bauch (Abb. 104), Brust und Nase (Abb. 105) bis über den Scheitelpunkt nach oben strecken (Abb. 106).
- In der Streckung ausatmen, der Blick geht über die Finger der gestreckten Hand in den Himmel (Abb. 107).
- Mit dem Fallenlassen des Körpergewichts und des Arms einatmen (Abb. 108), der Arm fällt mittig auf die Innenseite des Oberschenkels (Abb. 109).
- Beim Fallenlassen einatmen. Direkt im Anschluss die gleiche Bewegung mit dem linken Arm ausführen.
- Den gesamten Bewegungsablauf sowohl schnell als auch langsam üben.
- Wichtig: Stets das *seichûsen* 正中線 ruhig halten und den Bodenkontakt über die Fußsohlen beibehalten.

Wofür?

- Gegenbewegung zu Ki 3
- Richtungsänderung der *ki* 氣-Führung
- *Ki* 氣 aktivieren
- Streckung im *seichûsen* 正中線
- Erwärmen des ganzen Körpers
- Arbeit mit der Gegenerdanziehung

Ki 5: *nobi-yuru* 伸緩 – streckend den Körper lösen

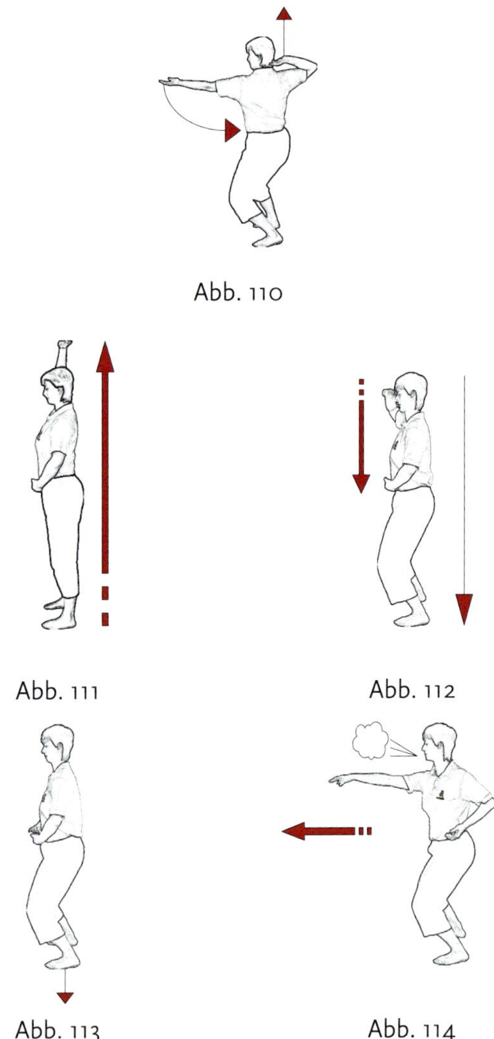

Abb. 110

Abb. 111

Abb. 112

Abb. 113

Abb. 114

Ki 5: *nobi-yuru* 伸緩 – streckend den Körper lösen

Wie jedes Tier sich nach dem Aufwachen erst einmal streckt und die Muskeln löst, um einsatzbereit zu sein, hilft auch diese Übung, den Tag zu beginnen.

Wie?

- Stehend: Linken Arm nach vorn strecken, rechte Hand ist hinter dem Kopf, Handfläche zeigt nach oben, als hielten wir ein Tablett (Abb. 110).
- Druck auf die Fußsohlen geben, die Beine und der gesamte Körper strecken sich nach und nach, dabei geht der rechte Arm über den Scheitelpunkt, der linke Arm wandert vor das *tanden* 丹田 (Abb. 111).
- Während der Streckung strömt Luft bis zum Scheitelpunkt ein.
- Körper sackt nach unten. Luft sackt ins *tanden* 丹田. Den rechten Arm mit der Handfläche nach unten zeigend am Gesicht vorbei (Abb. 112) zum *tanden* 丹田 führen. Dort „wartet“ bereits die linke Hand.
- Beide Beine sind gebeugt (Abb. 113). Das Gewicht ist in die Fußsohlen gesackt. Die Luft ist im *tanden* 丹田.
- Den rechten Arm nach vorn in die Waagerechte, den linken zur Flanke führen. Dabei lang und weich ausatmen (Abb. 114).
- Nun den linken Arm hinter den Kopf führen und von dort nach oben bis in den Himmel, der linke Arm wandert dabei vor das *tanden* 丹田 etc.
- Die Übung mindestens 10 bis 20 Mal fließend wiederholen, langsames Tempo.

Wofür?

- Atem und *ki* 氣 lenken
- Hineinspüren in den gesamten Körper
- Atemschleife: hinten hoch, vorne runter

Ki 6: *ki-yuru* 氣緩 – das *ki* 氣 entspannen

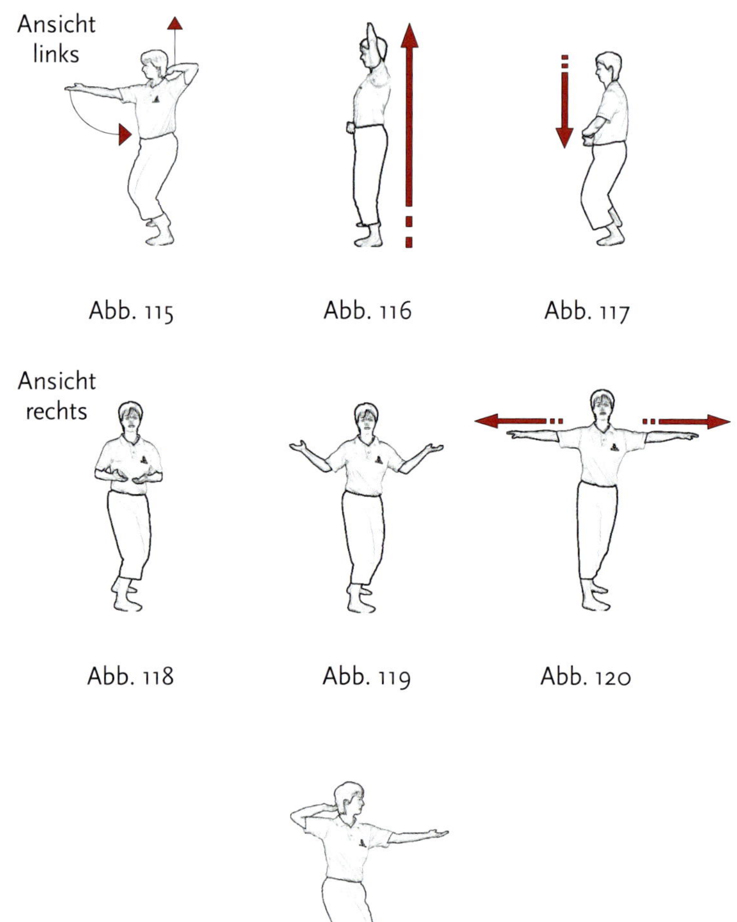

Abb. 115 Abb. 116 Abb. 117

Abb. 118 Abb. 119 Abb. 120

Abb. 121

Ki 6: *ki-yuru* 氣緩 – das *ki* 氣 entspannen

Diese Übung ist eine Variante von Ki 5. Hier wird jedoch vermehrt über die diagonale Verdrehung gearbeitet.

Wie?

- Stehend: Linke Hand hinter dem Kopf, Knie leicht beugen (Ansicht links, Abb. 115).
- Rechte Hand vor das *tanden* 丹田, linke Hand bis zum Scheitelpunkt führen. Dabei strömt Luft ein (Abb. 116).
- Linke Hand senkt sich wie in Ki 5 (Abb. 117). Dabei Luft ins *tanden* 丹田 führen.
- Seitlich nach rechts drehen, Unterkörper bleibt dabei stabil (Ansicht rechts, Abb. 118).
- Druck auf die Fußsohlen geben, Beine strecken sich und die Arme öffnen sich (Abb. 119).
- Luft strömt über die Hände aus (Abb. 120).
- Dann wieder nach vorn drehen und die gleiche Bewegung mit der rechten Hand hinter dem Kopf, mit Drehung zur anderen Seite ausführen (Abb. 121).

Wofür?

- Atem-Übung, Lenken des Atems
- Arbeit aus der Fußsohle
- Flexibilität von Wirbelsäule und Rumpf
- Stabilität und Flexibilität in alle Richtungen

Ki 7: *zenpô-kakki* 前方活氣 – Arme nach vorn schwingen

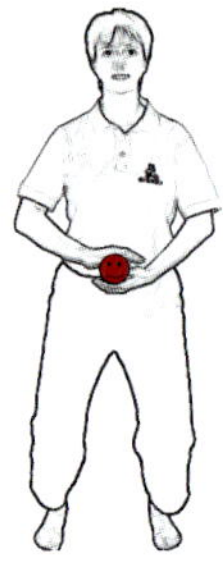

Abb. 122

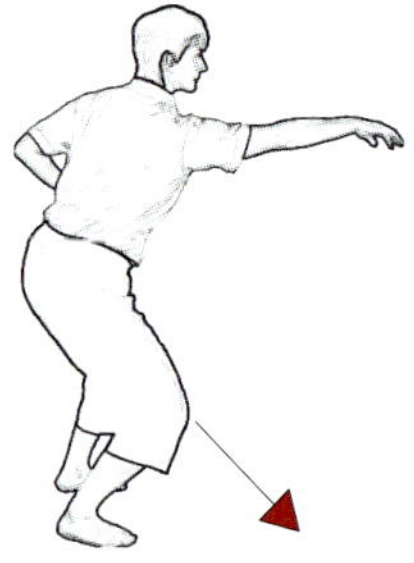

Abb. 123

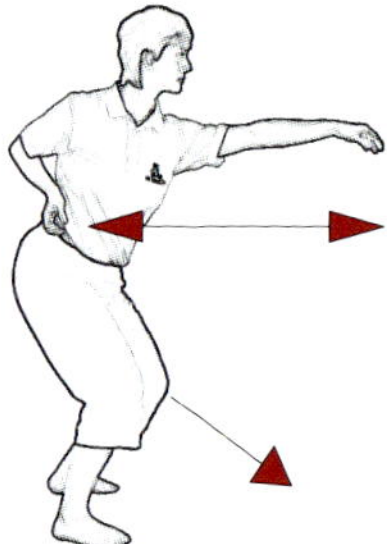

Abb. 124

Ki 7: *zenpô-kakki* 前方活氣 – Arme nach vorn schwingen

„Luftballon werfen" wird diese Übung auch gern genannt. Ich stelle mir vor, ich würfe einen Luftballon nach vorn.

Wie?

Es beginnt wie in der Übung Ki 5, siehe Abbildung 110-113

- Stehend: Linken Arm nach vorn strecken, rechte Hand ist hinter dem Kopf, Handfläche zeigt nach oben, als hielten wir ein Tablett.
- Druck auf die Fußsohlen geben, die Beine und der gesamte Körper strecken sich nach und nach, dabei geht der rechte Arm über den Scheitelpunkt, der linke Arm wandert vor das *tanden* 丹田 (Abb. 111).
- Während der Streckung strömt Luft bis zum Scheitelpunkt ein.
- Den rechten Arm mit der Handfläche nach unten zeigend am Gesicht vorbei (Abb. 112) zum *tanden* 丹田 führen, wo der linke Arm schon „wartet".
- Beide Beine sind gebeugt (Abb. 113). Das Gewicht ist in die Fußsohlen gesackt. Die Luft ist im *tanden* 丹田.

Weiter mit

- Den Luftball zwischen den Handflächen spüren (Abb. 122).
- Den Luftball drehen und mit der oberen Hand nach vorn werfen (Abb. 123), die untere geht zur Flanke (Abb. 124).
- Beide Hände treffen sich wieder vor dem *tanden* 丹田 und werden dort gedreht. Nun ist die vordere Hand unten und die Hand, die von der Seite kommt, oben.
- Den Luftball mindestens 20 Mal nach vorn „werfen".

Wofür?

- Atem und *ki* 氣 lenken
- Kräftigung von Beinen, Hüften, Rücken
- Schulterbereich lösen

Ki 8: *kansetsu-yuru* 間接緩 – Gelenke entspannen

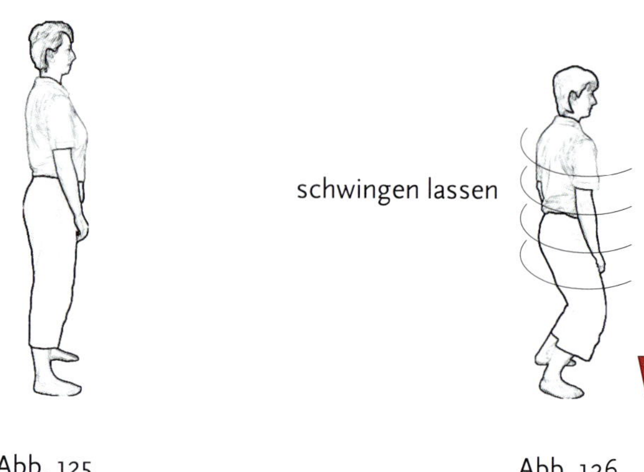

Abb. 125

Abb. 126

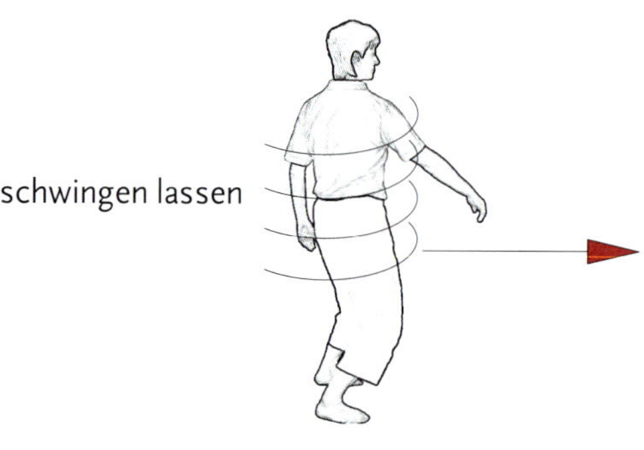

Abb. 127

Ki 8: *kansetsu-yuru* 間接緩 – Gelenke entspannen

Bei dieser Übung werden die inneren Organe massiert. Es ist eine gute Übung, um in aufrechter, ausgerichteter Haltung größtmögliche Entspannung zu erlangen.

Wie?

- Stehend: Hand liegt auf der Leiste (Abb. 125).
- Ausgerichtet in der Schwerkraft stehen, Oberkörper und Schultern entspannen und der rechten Hand einen kleinen Kick mit der rechten Hüfte geben. Dabei ausatmen und das gesamte Körpergewicht fallen lassen (Abb. 126).
- Das Gewicht wird auf den Fußballen des rechten Fußes verlagert, das rechte Knie und die rechte Hüfte fallen leicht vor. Dadurch schwingt der Arm vom Körper weg nach vorn (Abb. 127).
- Er fällt wieder zurück und über den Körper-Schwung wird der linke Arm nach vorn zur Hüfte geholt. Nun bekommt der linke Arm einen kleinen Kick mit der linken Hüfte.
- Mehrere Male wiederholen.

Wofür?

- Erdanziehung spüren
- Drehpunkt im *seichûsen* 正中線 finden
- Arme vom Rumpf lösen: „wie Seile hängen lassen“
- Loslassen üben
- Überprüfen der Entspannung

Ki 9: *ki-sô* 氣操 – *ki* 氣 steuern

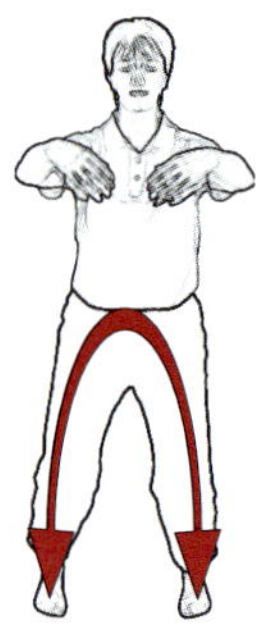

Abb. 128

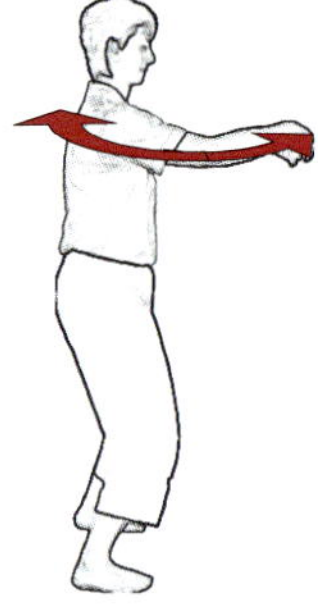

Abb. 129

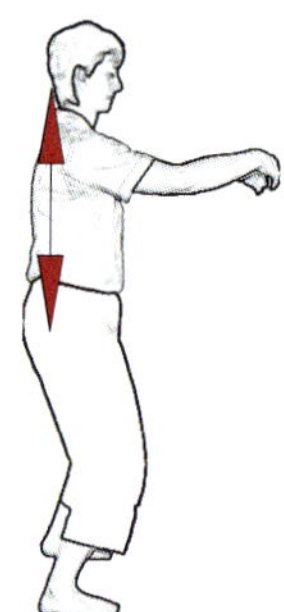

Abb. 130

Ki 9: *ki-sô* 氣操 – *ki* 氣 steuern

Die Übung heißt auch „Glaskugel halten". Es sollte sich anfühlen, als würden wir eine zerbrechliche Glaskugel oder ein zartes Baby ganz vorsichtig umschließen.

Wie?

- Stehend: Im verkürzten *kiba dachi* 騎馬立ち stehen, die Arme etwa auf Brusthöhe vor dem Oberkörper entspannt anheben, so als würde ich eine dünne Glaskugel halten, einen Baum umarmen oder ein Baby zart umschließen (Abb. 128).
- In der Vorstellung das *ki* 氣 schnell von einem Punkt zum anderen fließen lassen:
  – vom Fuß über die Hüften in den anderen Fuß (Abb. 128),
  – vom kleinen Finger der einen Seite über den Arm, den Rücken und den anderen Arm zum anderen kleinen Finger; dann über die anderen Finger (Abb. 129),
  – vom obersten Halswirbel bis zum Steißbein hinunter und hinauf (Abb. 130).

Wofür?

- Aufmerksamkeitsübung
- Wahrnehmungsübung
- *Ki* 氣 fließen lassen
- Entspannungsübung
- Atemübung
- Imaginationsübung

Ki 10: *kôhô-kakki* 後方活氣 – Arme nach hinten öffnen

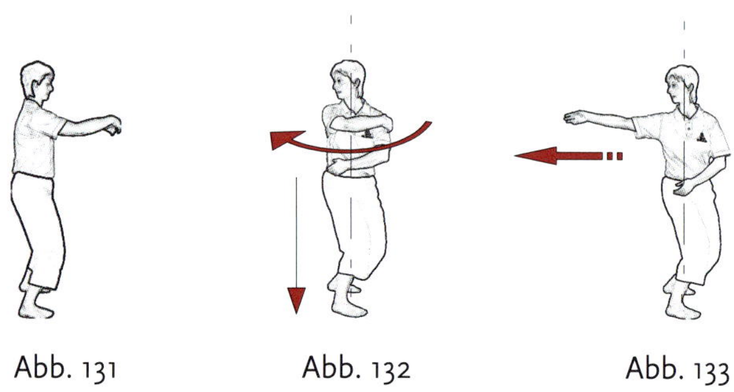

Abb. 131 Abb. 132 Abb. 133

Ki 11: *yôshun* 陽春 – Körper drehen und die Arme seitlich öffnen

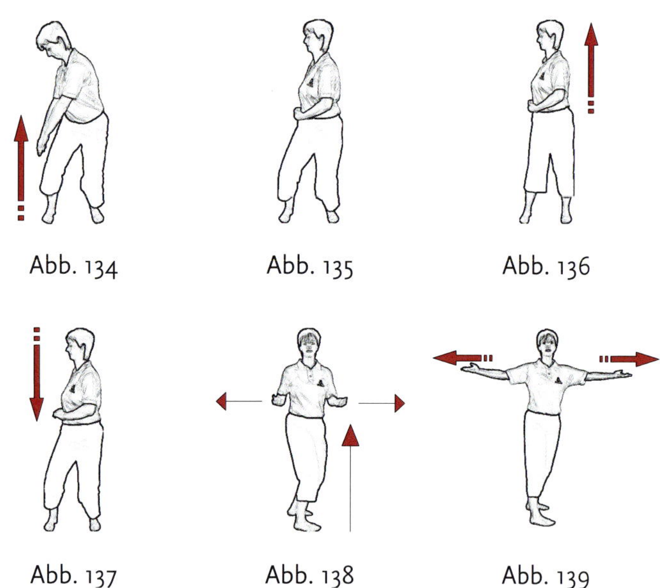

Abb. 134 Abb. 135 Abb. 136

Abb. 137 Abb. 138 Abb. 139

Ki 10: *kôhô-kakki* 後方活氣 – Arme nach hinten öffnen

Die Übung könnte auch heißen: „*ki* 氣 nach hinten leiten". Da es um das Weiterleiten von *ki* 氣 geht, bietet es sich an, diese Übung direkt nach Ki 9 durchzuführen.

Wie?

- Die Ausgangsposition ist die Stellung von Ki 9 (Abb. 131).
- Oberkörper dreht sich durch Gewichtsverlagerung in den Fußsohlen (Abb. 132), rechten Arm nach hinten öffnen.
- Dabei ausatmen, nach hinten sehen und das *ki* 氣 weit nach hinten fließen lassen (Abb. 133).
- Das Gleiche zur anderen Seite, abwechselnd je 8 Mal.

Wofür?

- Zielgerichtetes Lenken von *ki* 氣 und Aufmerksamkeit

Ki 11: *yôshun* 陽春 – Körper drehen und die Arme seitlich öffnen

Diese Übung heißt auch „Frühlingssonne".

Wie?

- Stehend: Den Atem von der Fußsohle (Abb. 134) bis ins *tanden* 丹田 einströmen lassen (Abb. 135). Die Arme zeigen den Weg des Atems.
- Oberkörper gedreht, Knie leicht gebeugt, Luft fließt bis zum Scheitelpunkt, Arme vor dem *tanden* 丹田 (Abb. 136).
- Luft ins *tanden* 丹田 senken, „sich setzen" (Abb. 137).
- Druck auf die Fußsohlen (Abb. 138), die Beine strecken sich und die Arme öffnen sich jeweils seitlich. Die Luft strömt aus den Händen hinaus (Abb. 139).
- Das Gleiche zur anderen Seite, abwechselnd je 8 Mal.

Wofür?

- Beweglichkeit des Oberkörpers
- Fußsohlenarbeit
- Atemübung

2.2 Loslass-Übungen II: *yurumi taisô* 緩み体操

Ki 12: *kubi-yuru* 首緩 – Kopf kreisend Halsmuskeln lösen

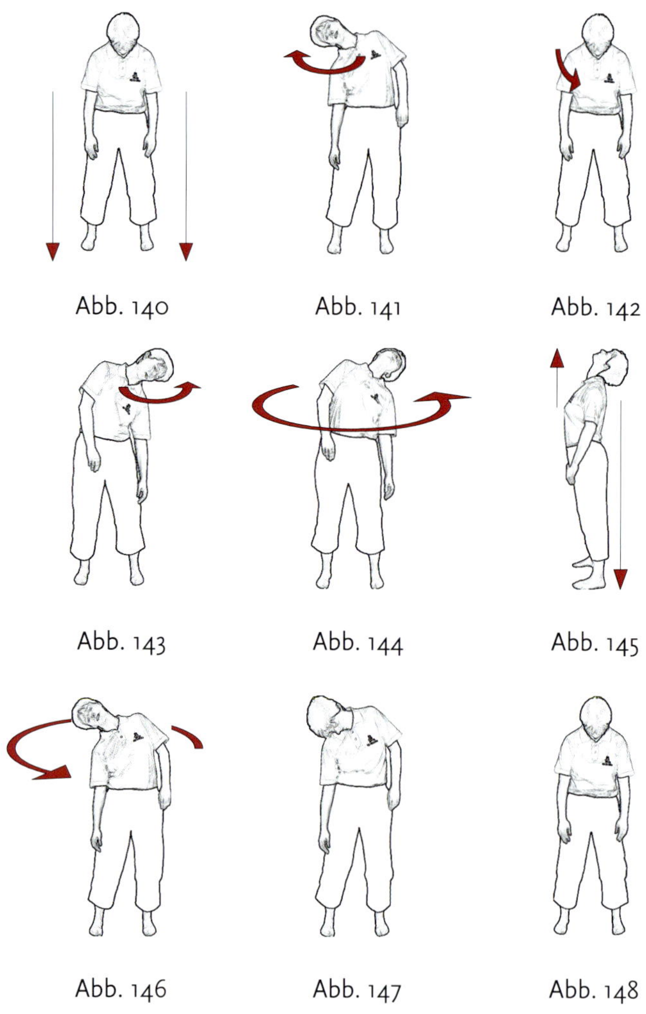

Abb. 140 Abb. 141 Abb. 142

Abb. 143 Abb. 144 Abb. 145

Abb. 146 Abb. 147 Abb. 148

2.2 Loslass-Übungen II: *yurumi taisô* 緩み体操

Ki 12: *kubi-yuru* 首緩 – Kopf kreisend Halsmuskeln lösen

Hinweis: Die Übung bitte langsam und vorsichtig ausführen!

Wie?

- Stehend: Die Gelenke entspannen. Die Bewegung beginnt mit der Ausatmung. Der Kopf senkt sich auf die Brust, Bauchnabel etwas einziehen und Knie leicht beugen (Abb. 140).
- Der Kopf legt sich entspannt auf die rechte Schulter und Atem fließt ein (Abb. 141).
- Den Kopf wieder auf die Brust sinken lassen und Atem im *tanden* 丹田 halten (Abb. 142).
- Den Kopf entspannt auf die linke Seite führen (Abb. 143).
- Das Kopfkreisen beginnt mit der Ausatmung: Geführt wird der Kopf über die Kreisbewegung der Hals- und Brustwirbelsäule (Abb. 144).
- Wenn der Kopf im Nacken ist, hebt sich das Brustbein an und die Schulterblätter fallen in Richtung der Fersen. Die Knie sind entspannt gestreckt (Abb. 145).
- Fließend die Kreisbewegung weiterführen (Abb. 146). Der Kopf wird durch die gesamte Körperbewegung geführt, bis er wieder gesenkt vorne auf der Brust ankommt (Abb. 147-148).
- Während einer ruhigen Ausatmung den Kopf möglichst 3 Mal kreisen lassen.
- Sobald die Ausatmung zu Ende ist, auf der Gegenseite (hier: die linke Seite) wieder einatmen und die Ausatembewegung zur anderen Seite ausführen.

Wofür?

- Hals- und Brustwirbel sanft lösen und ausrichten

Ki 13: *taikan-yuru* 体感緩 – Gefühl des sich lösenden Körpers

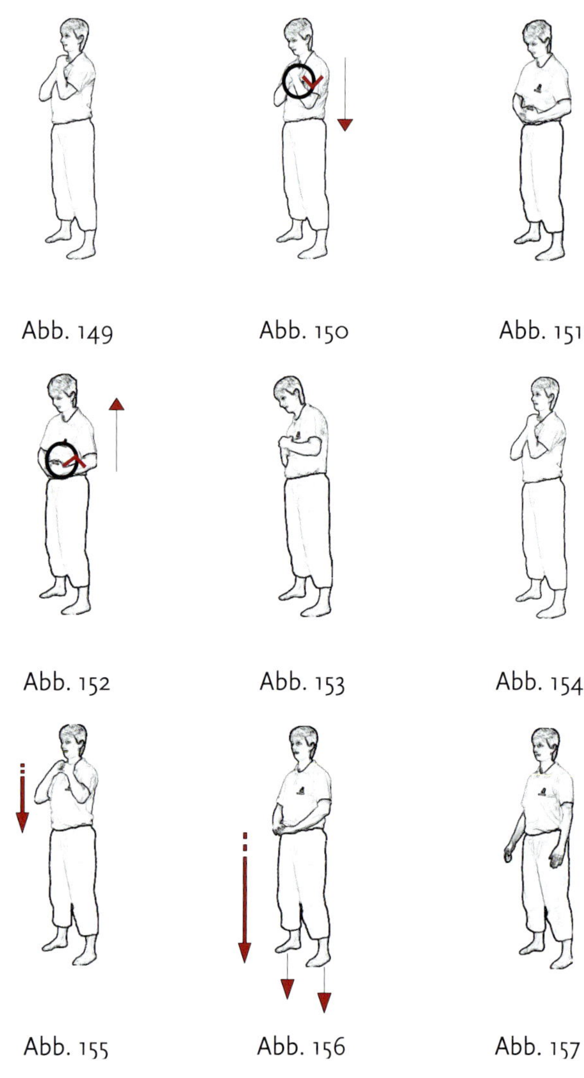

Abb. 149 Abb. 150 Abb. 151

Abb. 152 Abb. 153 Abb. 154

Abb. 155 Abb. 156 Abb. 157

Ki 13: *taikan-yuru* 体感緩 – Gefühl des sich lösenden Körpers

Bei dieser Übung geht es darum, den Körper zu lösen. Dafür führen wir langsam kleine kreisende Bewegungen mit den Händen und Fingerspitzen aus und spüren dieser Bewegung im Innern unseres Körpers nach.

Wie?

- Stehend: Die Hände sind vor dem Hals (Abb. 149).
- Der Weg der Fingerspitzen führt im Uhrzeigersinn vom Hals (Abb. 150) bis zum *tanden* 丹田.
- Der Körper macht diese kreisende Bewegung als innere Bewegung mit (Abb. 151).
- Zur Unterstützung auch eine leichte äußere Körperbewegung dort ausführen, wo sich die Fingerspitzen befinden.
- Am *tanden* 丹田 angekommen (Abb. 152), beginnt die Aufwärtsbewegung **gegen** den Uhrzeigersinn.
- Die Atmung bleibt gleich, und die kreisende Bewegung führt wieder nach oben bis zum Hals (Abb. 153).
- Oben angekommen (Abb. 154) in Ruhe ausatmen (Abb. 155). Die Hände bewegen sich in gerader Linie wieder zum *tanden* 丹田 (Abb. 156).
- Die Arme hängen lassen und die Luft dabei vom *tanden* 丹田 über die Fußsohlen bis tief zum Erdmittelpunkt ausatmen (Abb. 157).

Wofür?

- Massage der inneren Organe
- Sensibilisierung der Wahrnehmung des Rumpfes

Ki 14: *wakibara-yuru* わき腹緩 – seitlich Spannungen lösen

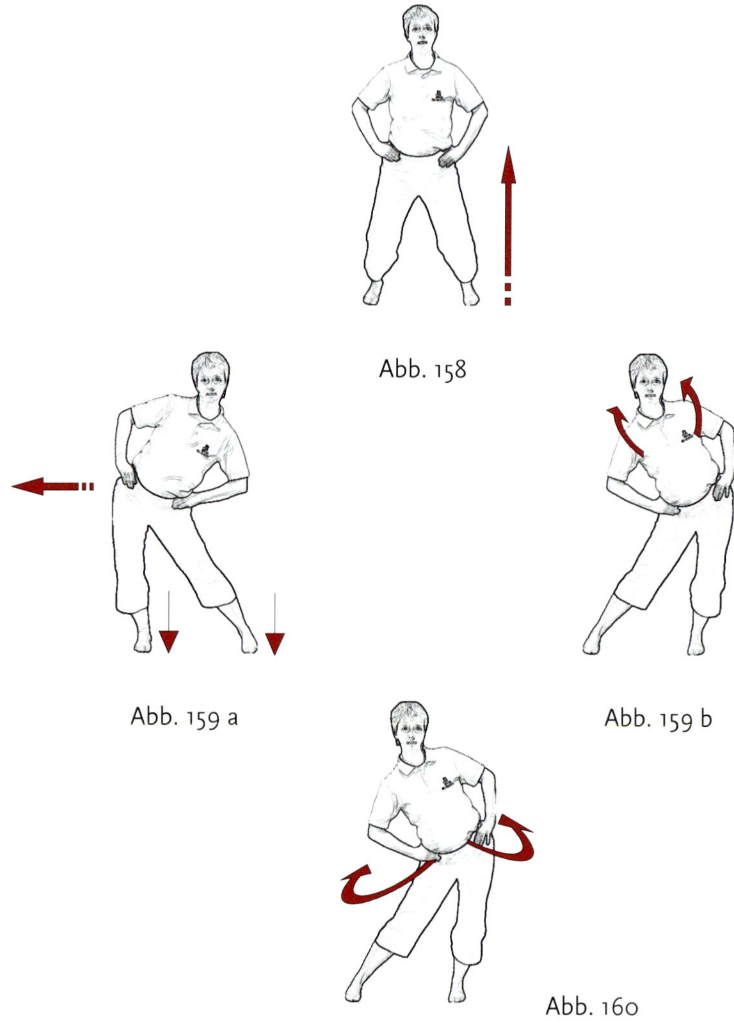

Abb. 158

Abb. 159 a

Abb. 159 b

Abb. 160

Ki 14: *wakibara-yuru* わき腹緩 – seitlich Spannungen lösen

Wie?

- Stehend: Die Knie beugen, die Hände liegen auf den Hüften (Abb. 158). Bis zum *tanden* 丹田 einatmen.
- Ein Bein strecken und dabei die Hüfte zur Seite schieben. Das andere Bein bleibt gebeugt, während sich das Knie über die Zehen nach vorne bewegt. Dabei wird ausgeatmet (Abb. 159 a).
- Ebenso auf der anderen Seite (Abb. 159 b).

Hinweis

Die Fußsohlen haben festen Kontakt mit dem Boden (Abb. 159 a) und die Schultern fallen nach hinten unten (Abb. 159 b).

- Nach ca. 10 Seitenwechseln: Eine horizontale Achter-Bewegung mit den Hüften ausführen und die Hüften wechselnd erst von hinten nach vorn und dann von vorn nach hinten bewegen (Abb. 160).
- Je Richtung ca. 10 Mal.
- Die Ausatmung erfolgt ihn Richtung der Bewegung, nach vorne oder nach hinten.

Wofür?

- Dehnen und Kräftigen der Muskelansätze an den Hüftknochen
- Vorbereitende Übung für *yoko geri* 横蹴り und *mawashi geri* 回し蹴り
- Lösen von Blockaden im Hüftbereich

Ki 15: *koshi-yuru* 腰緩 – Hüftgelenke lösen

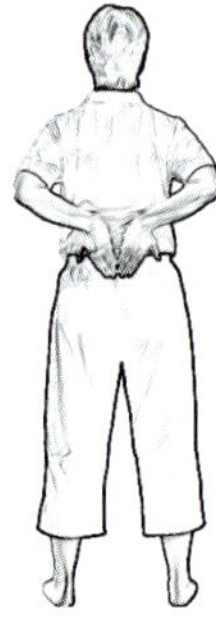

Abb. 161

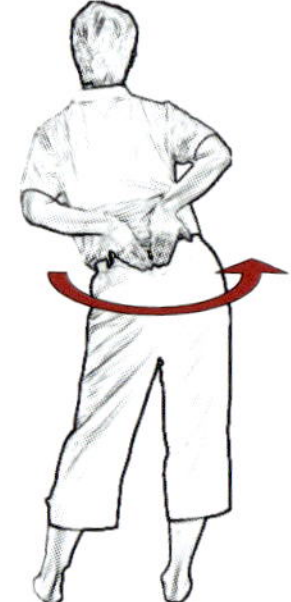

Abb. 162

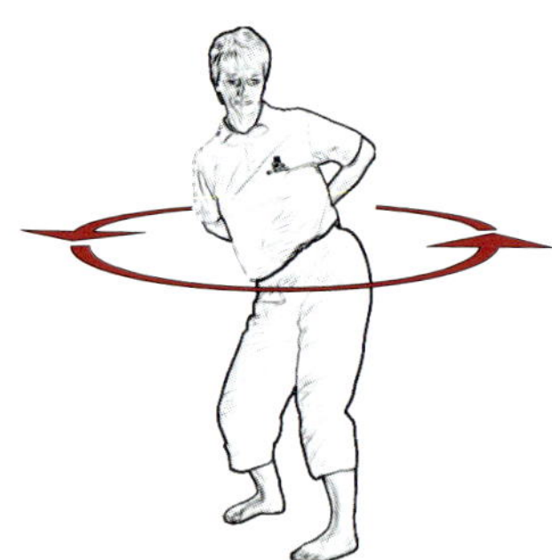

Abb. 163

Ki 15: *koshi-yuru* 腰緩 – Hüftgelenke lösen

Diese Übung sollte aufmerksam und sorgfältig ausgeführt werden, denn es geht um das Lösen von kleinsten Blockaden in unserer Körpermitte.

Wie?

- Stehend: Knie sind gestreckt und die Handflächen liegen flach auf dem unteren Rücken. Die Fingerspitzen befinden sich etwa am Übergang von der Lendenwirbelsäule zum Kreuzbein (Abb. 161).
- Ohne die Knie zu beugen, das Becken kreisen und die Bewegung mit den Händen unterstützen. Die Kreisbewegung bleibt wegen der gestreckten Beine relativ klein (Abb. 162).
- Die Übung 10 Mal wiederholen.
- Danach die Knie beugen, die Hände bleiben an ihrem Platz, und das Becken in weiten Kreisbewegungen führen (Abb. 163).
- Ausatmen, wenn sich die Leisten nach vorn öffnen.

Wofür?

- Ausrichten des Kreuzbein-Darmbein-Gelenks und der Hüftgelenke
- Blockaden in diesen Gelenken und der unteren Lendenwirbelsäule lösen
- Wahrnehmung des gesamten Beckenbereichs schulen

Ki 16: *jinzô-uyuru* 腎臓緩 – Nierengegend lösen

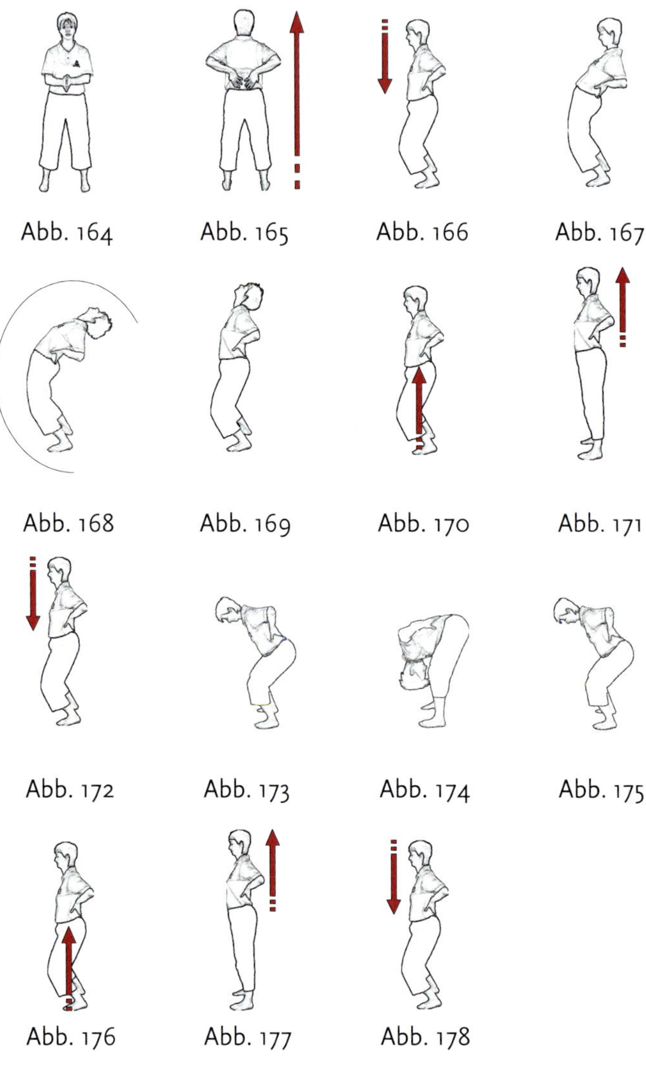

Abb. 164 Abb. 165 Abb. 166 Abb. 167

Abb. 168 Abb. 169 Abb. 170 Abb. 171

Abb. 172 Abb. 173 Abb. 174 Abb. 175

Abb. 176 Abb. 177 Abb. 178

Ki 16: *jinzô-uyuru* 腎臓緩 – Nierengegend lösen

Die Pfeile in den Bildern zeigen hier sowohl den Verlauf der Atemrichtung als auch der Bewegungsrichtung an.

Wie?

- Stehend: Handflächen warm reiben (Abb. 164). Dann auf die Nierengegend legen und die Luft von den Fußsohlen bis zum Scheitelpunkt einströmen lassen (Abb. 165).
- Knie langsam beugen und die Luft über Gesicht, Hals und Brust bis ins *tanden* 丹田 sinken lassen (Abb. 166).
- Das Gewicht über die Oberschenkel nach vorn schieben und den Oberkörper nach hinten beugen (Abb. 167), den Kopf entspannt nach hinten hängen lassen und am Ende der Bewegung ausatmen (Abb. 168).
- Von der Fußsohle an Schritt für Schritt und Wirbel für Wirbel aufrichten (Abb. 169). Zuletzt die Halswirbelsäule aufrichten, bis der Scheitelpunkt zum Himmel zeigt. Die Knie bleiben dabei gebeugt. Die Luft von der Fußsohle bis ins *tanden* 丹田 einströmen lassen (Abb. 170).
- Langsam die Beine strecken und die Luft über den Rücken zum Scheitelpunkt des Kopfes führen (Abb. 171).
- Langsam Knie beugen und die Luft über Gesicht und Brust bis ins *tanden* 丹田 sinken lassen (Abb. 172).
- Oberkörper langsam nach vorn beugen (Abb. 173), den Bauch zum Rücken hin bewegen. Um den Rücken noch weiter zu öffnen, Knie strecken und ausatmen (Abb. 174).
- Knie beugen, Oberkörper aufrichten (Abb. 175) und Luft bis zum *tanden* 丹田 einströmen lassen (Abb. 176).
- Die Luft bis zum Scheitelpunkt weiterführen (Abb. 177).
- Die Bewegung beginnt von Neuem (Abb. 178).

Wofür?

- Regulierung des Energieflusses
- Lenken von *ki* 氣 nach außen und nach innen

Ki 17: *jôtai-kusshin* 上体屈伸 – Beugen des Rumpfes

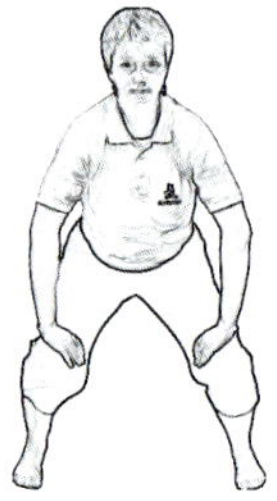

Abb. 179

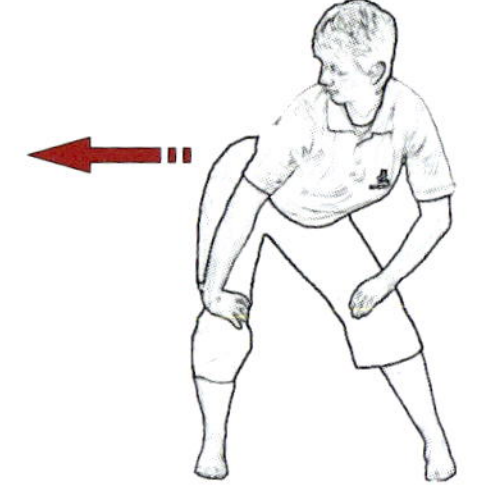

Abb. 180

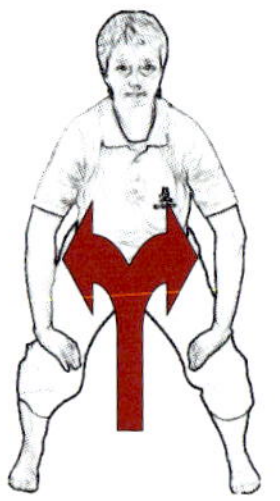

Abb. 181

Ki 17: *jôtai-kusshin* 上体屈伸 – Beugen des Rumpfes

Wie bei einer Zieharmonika üben wir hier, die Rippenmuskulatur auseinander- und zusammenzuziehen.

Wie?

- Die Beine sind etwas breiter auseinander als schulterbreit, Knie gebeugt, Rumpf nach vorn gebeugt. Die Hände liegen oberhalb der Knie auf den Oberschenkeln, mit den Daumen nach außen (Abb. 179).
- Das linke Bein etwas strecken und die rechte Hüfte dabei weit zur rechten Seite schieben (Abb. 180).
- Blick geht über die rechte Schulter zur rechten Hüfte. Dabei wird die rechte Rippenpartie zusammen- und die linke Rippenpartie auseinandergezogen.
- Das Becken im Wechsel nach links und rechts, über die gebeugten Beine, bewegen (Abb. 180, 181).
- In der Ausgangsstellung jeweils einatmen. Wenn die Hüfte seitlich ist, jeweils ausatmen.

Wofür?

- Stärkung des Rumpfes
- Rippenpartie seitlich zusammen- und auseinanderziehen (z. B. für seitliche Fußtritte)
- Beweglichkeit und Kräftigung der Zwischenrippenmuskulatur

Ki 18: *idomizukumi* 井戸水汲 – Wasser aus dem Brunnen schöpfen

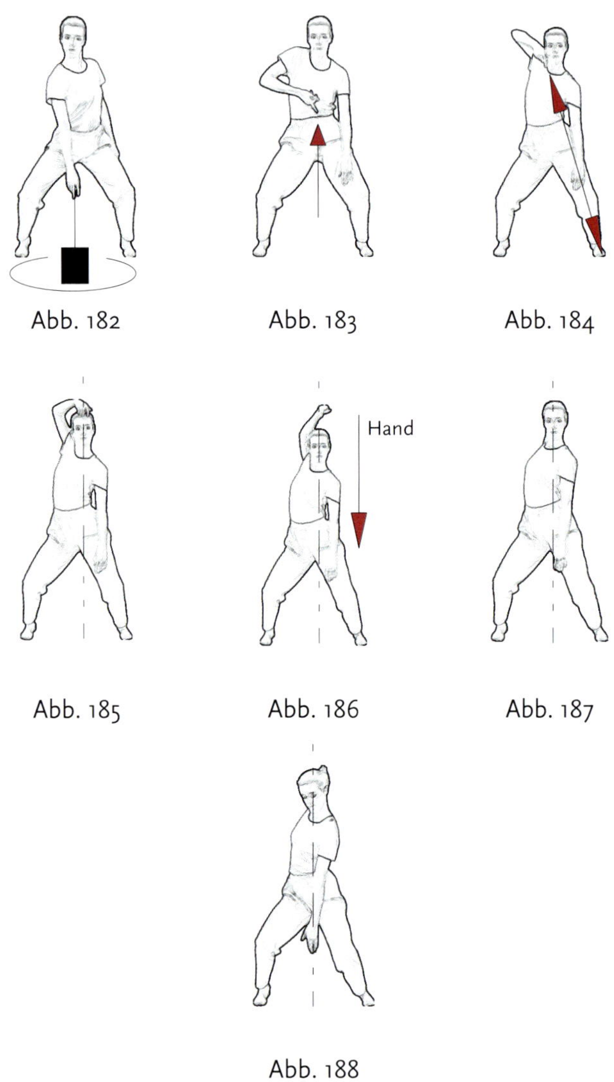

Abb. 182 Abb. 183 Abb. 184

Abb. 185 Abb. 186 Abb. 187

Abb. 188

Ki 18: *idomizukumi* 井戸水汲 – Wasser aus dem Brunnen schöpfen

Wenn wir einen schweren Eimer voll Wasser aus einem tiefen Brunnen hochziehen müssen, dann reicht die Kraft der Arme nicht aus. Nur mithilfe des ganzen Körpers, mit dem Druck aus den Beinen, können wir das Gewicht nach oben ziehen.

In dieser Übung geht es um diesen Druck aus den Beinen und zugleich darum, eine fließende, harmonische Bewegung auch über die Körperrückseite auszuführen.

Wie?

- Die Beine sind etwas breiter auseinander als schulterbreit. Die Knie sind gebeugt. Der Oberkörper ist aufrecht.
- Ich stelle mir vor, dass ich vor einem tiefen Brunnen stünde: Mit meiner rechten Hand halte ich das Seil, an dem ein schwerer Eimer hängt (Abb. 182).
- Dieses Seil ziehe ich von unten nach oben (Abb. 183). Dazu nutze ich den Druck, den ich besonders auf die linke Fußsohle ausübe (Abb. 184).
- Meine Hand läuft auf der Linie meines *seichûsen* 正中線 (Abb. 185) über meinen Scheitelpunkt (Abb. 186) bis hinter meinen Rücken (Abb. 187).
- Die andere Hand fasst nach (Abb. 188) und führt das Seil bzw. die Bewegung weiter, sodass eine fließende Bewegung entsteht, die meinen ganzen Körper einbezieht.

Wofür?

- Flexibilität und Kräftigung des ganzen Körpers
- Bewusster Einsatz der Rippen auf der Vorder- und auf der Rückseite des Körpers
- Vorbereitung des Einsatzes des Rumpfes für verschiedene Karate-Techniken
- Druck aus der Fußsohle

Ki 19: *tachi-yuru* 立緩 – stehend lösen, Pendel

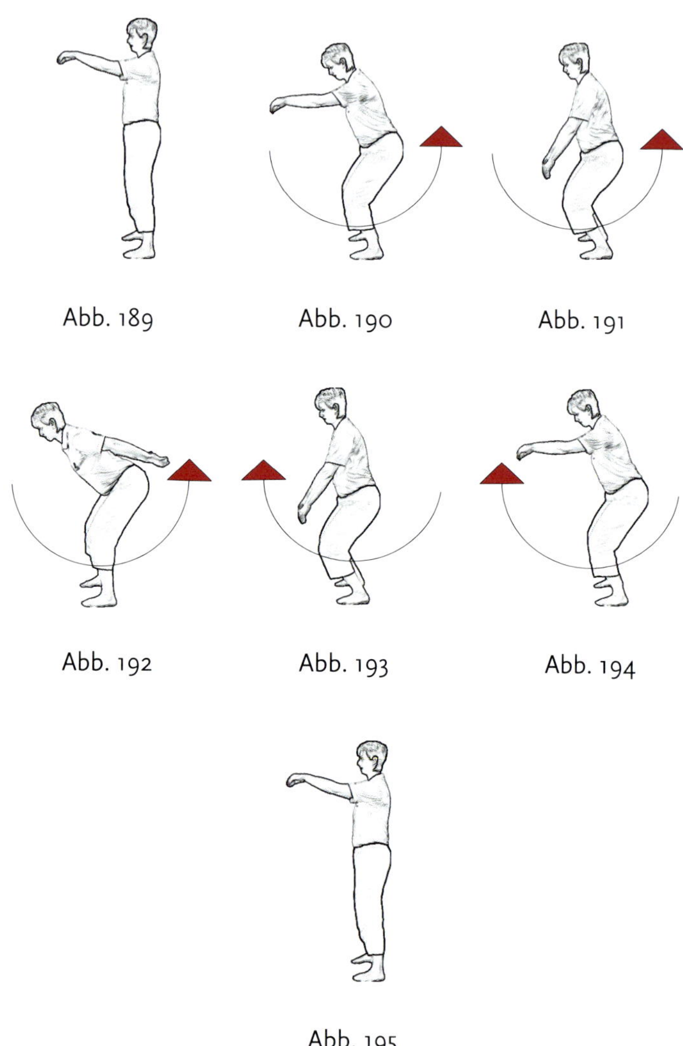

Abb. 189 Abb. 190 Abb. 191

Abb. 192 Abb. 193 Abb. 194

Abb. 195

Ki 19: *tachi-yuru* 立緩 – stehend lösen, Pendel

Wie?

- Stehend: Knie gestreckt, Arme entspannt nach vorne gestreckt, hier einatmen (Abb. 189).
- Die Knie beugen, den Rumpf leicht vorbeugen (Abb. 191), die Arme wie ein Pendel fallen lassen (Abb. 191). Das Pendel hat seinen Drehpunkt im *tanden* 丹田.
- Ausatmen, wenn die Hände an der Hüfte entlang bis nach hinten schwingen (Abb. 192).
- Dann das Gewicht wieder von den Fersen auf die Ballen verlagern, dabei schwingen die Arme erneut nach vorn (Abb. 193). Der Oberkörper richtet sich auf (Abb. 194). Einatmen, wenn die Hände an den Hüften vorbeischwingen.
- Sind die Arme vorn, sind auch die Knie gestreckt (Abb. 195).

Hinweis

Wenn Sie die Atemrichtung ändern, also von hinten nach vorn schwingend ausatmen, wirkt die Übung sehr aufputschend. Das ist morgens zum Wachwerden geeignet.

Abends sollten Sie von vorn nach hinten ausatmend die Übung ausführen, damit Sie ruhig werden und gut schlafen können.

Wofür?

- Kräftigung der Beine
- Lösen und Entspannen des gesamten Körpers
- Schwerkraftarbeit
- Ausgleich des *yin* 阴 und des *yang* 阳

2.3 Atem-Übungen: *kokyû hô* 呼吸法

Atem-Übung 1: Horizontale abwärts

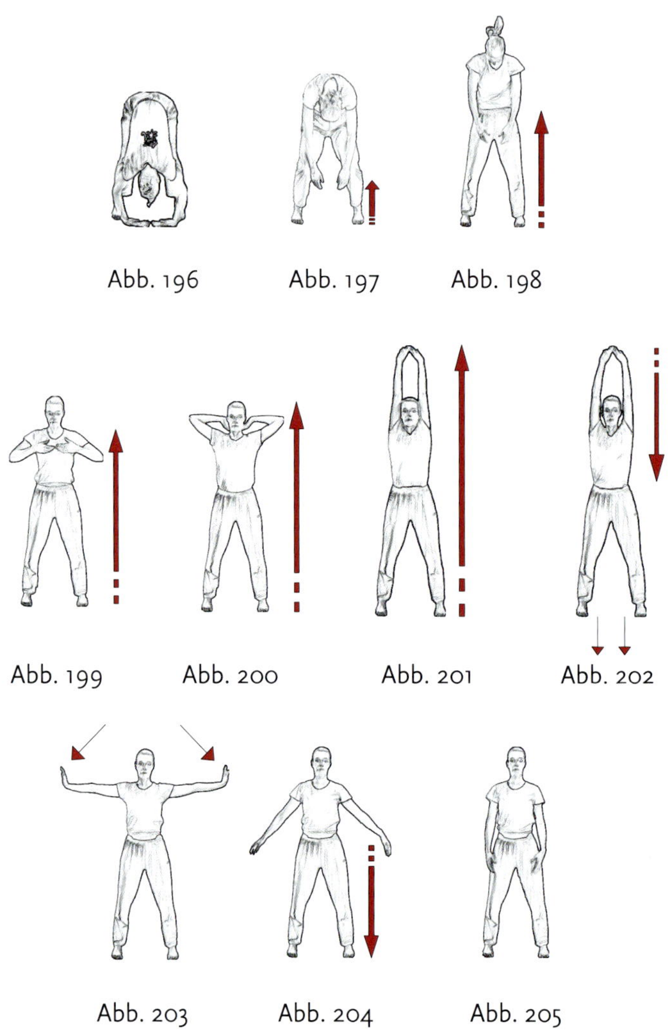

Abb. 196 Abb. 197 Abb. 198

Abb. 199 Abb. 200 Abb. 201 Abb. 202

Abb. 203 Abb. 204 Abb. 205

2.3 Atem-Übungen: *kokyû hô* 呼吸法

Atem-Übung 1: Horizontale abwärts

Wie?

- Unterarme auf die gebeugten Beine legen und entspannen (ohne Bild). Beide Arme zum Boden senken, langsam die Beine strecken und vollständig ausatmen (Abb. 196).
- Knie beugen und langsam den Körper aufrichten (Abb. 197). Mit dem Aufrichten die Hände und die einströmende Luft langsam von den Fußsohlen bis zum *tanden* 丹田 führen (Abb. 198).
- Am *tanden* 丹田 angelangt, das Bewusstsein auf die Wirbelsäule richten. Durch die Aufrichtung des Körpers steigt die Luft weiter. Die Hände folgen auf der Vorderseite des Körpers bis zum Hals (Abb. 199), gehen dann nach hinten zum Nacken (Abb. 200).
- Dann werden die Arme über den Scheitelpunkt des Kopfes gen Himmel gestreckt (Abb. 201).
- In der Vorstellung die Luft über Gesicht und Brust bis zum *tanden* 丹田 hinunterleiten, gesamten Organismus entspannen und Gewicht bis zum Erdmittelpunkt sacken lassen (Abb. 202).
- Mit leicht gebeugten Knien die Arme seitlich in die Horizontale öffnen (Abb. 203).
- Danach mit der Ausatmung die Arme langsam seitlich nach unten (Abb. 204) bis zur Ausgangsposition bewegen (Abb. 205).

Wofür?

- Sympathikus beruhigen
- Ausschüttung körpereigener Endorphine
- Ausgleichen des *yin* 阴 und des *yang* 阳
- Meridiandehnung

Atem-Übung 2: halbe Drehung

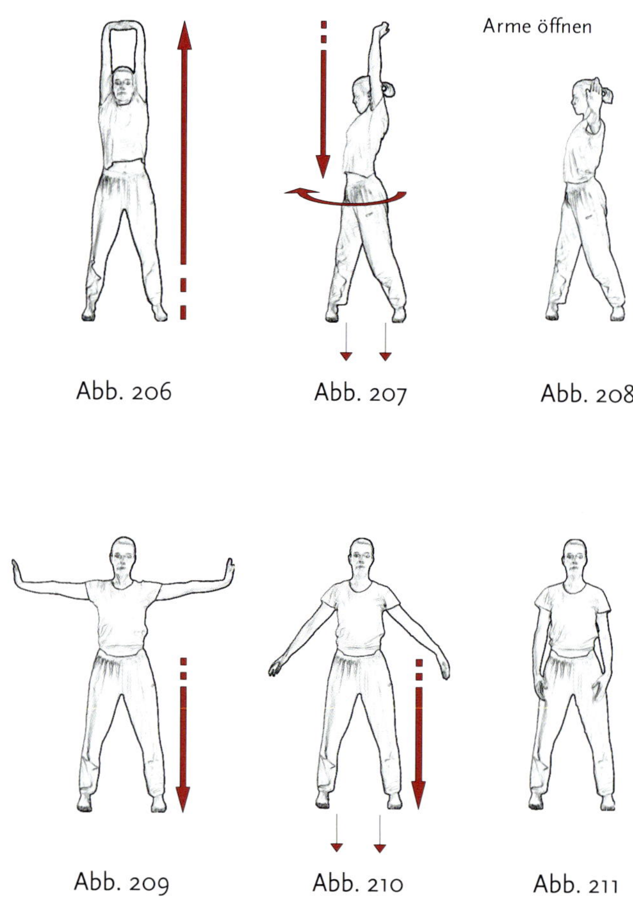

Abb. 206 Abb. 207 Abb. 208

Abb. 209 Abb. 210 Abb. 211

Atem-Übung 2: halbe Drehung

Die Übung beginnt wie die Atem-Übung 1 mit gebeugtem Oberkörper und herabhängenden Armen. Erst nachdem die Luft bis zum Scheitelpunkt eingeströmt ist und die Hände zum Himmel gestreckt sind, folgt ein anderer Bewegungsablauf:

Wie?

- Abbildung 206 entspricht Abbildung 201. Von hier den Oberkörper zur rechten Seite drehen (Abb. 207).
- In dieser Position bleiben und mithilfe der Vorstellung die Luft über das Gesicht, Hals, Brust, Bauch bis zum *tanden* 丹田 sinken lassen. Dabei auch das Gewicht bis zum Erdmittelpunkt senken (Abb. 207).
- Danach seitlich die Arme öffnen (Abb. 208).
- Mit der Drehung des Oberkörpers wieder nach vorn beginnt die Ausatmung (Abb. 209). Die Bewegung und die Ausatmung erfolgen zeitgleich miteinander.
- Nun die Arme sinken lassen und die Luft bis zum Erdmittelpunkt ausströmen lassen (Abb. 210), bis die Ausgangsposition wieder erreicht ist (Abb. 211).
- Die Übung mit Drehung zur linken Seite wiederholen. Je Seite mindestens 3 Mal.

Wofür?

- Siehe Atem-Übung 1
- Seitliche Kräftigung und Dehnung des Rumpfes

Atem-Übung 3: Oberkörper beugen

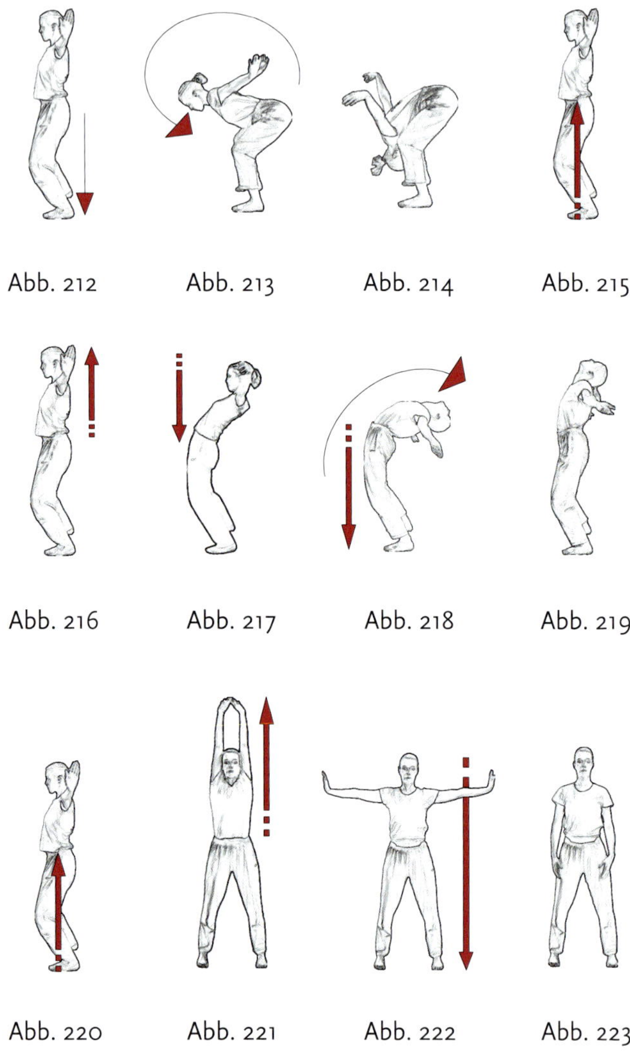

Abb. 212 Abb. 213 Abb. 214 Abb. 215

Abb. 216 Abb. 217 Abb. 218 Abb. 219

Abb. 220 Abb. 221 Abb. 222 Abb. 223

Atem-Übung 3: Oberkörper beugen

Die Übung beginnt wie die Atem-Übung 1 mit gebeugtem Oberkörper und herabhängenden Armen. Erst nachdem die Hände zur Seite geöffnet wurden, wie in Abbildung 203, folgt ein anderer Bewegungsablauf:

Wie?

- Mit seitlich geöffneten Armen werden die Knie gebeugt (Abb. 212).
- Danach Oberkörper nach vorn beugen (Abb. 213). Dabei auch die Arme und die Schultern nach vorn eindrehen (Abb. 214), bis der Oberkörper zum Boden hängt.
- Beine strecken und ausatmen (kein Bild).
- Knie beugen, langsam den Oberkörper aufrichten und die Arme zurückdrehen, Beine sind noch gebeugt (Abb. 215).
- Dabei die Luft von der Fußsohle erst bis zum *tanden* 丹田 einströmen lassen (Abb. 215), dann weiter über die Wirbelsäule bis zum Scheitelpunkt des Kopfes (Abb. 216). Dabei Beine strecken (ohne Bild).
- Jetzt die Luft bis zum *tanden* 丹田 fallen lassen, Knie wieder beugen und Oberkörper langsam nach hinten beugen (Abb. 217). Dabei die gestreckten Arme nach hinten eindrehen und ausatmen (Abb. 218).
- Über die gebeugten Knie aufrichten (Abb. 219), Luft bis zum *tanden* 丹田 einströmen lassen (Abb. 220), Beine strecken, während die Luft bis zum Scheitelpunkt fließt, Arme über dem Kopf strecken (Abb. 221).
- Nun die Luft vorn zum *tanden* 丹田 sinken lassen, Arme in die Horizontale senken (Abb. 222) und mit der Ausatmung beginnen, während die Arme nach unten sinken (Abb. 223).

Wofür?

- Siehe Atem-Übung 1
- Rumpfdehnung und Kräftigung, nach vorn und hinten

Atem-Übung 4: Hände vor

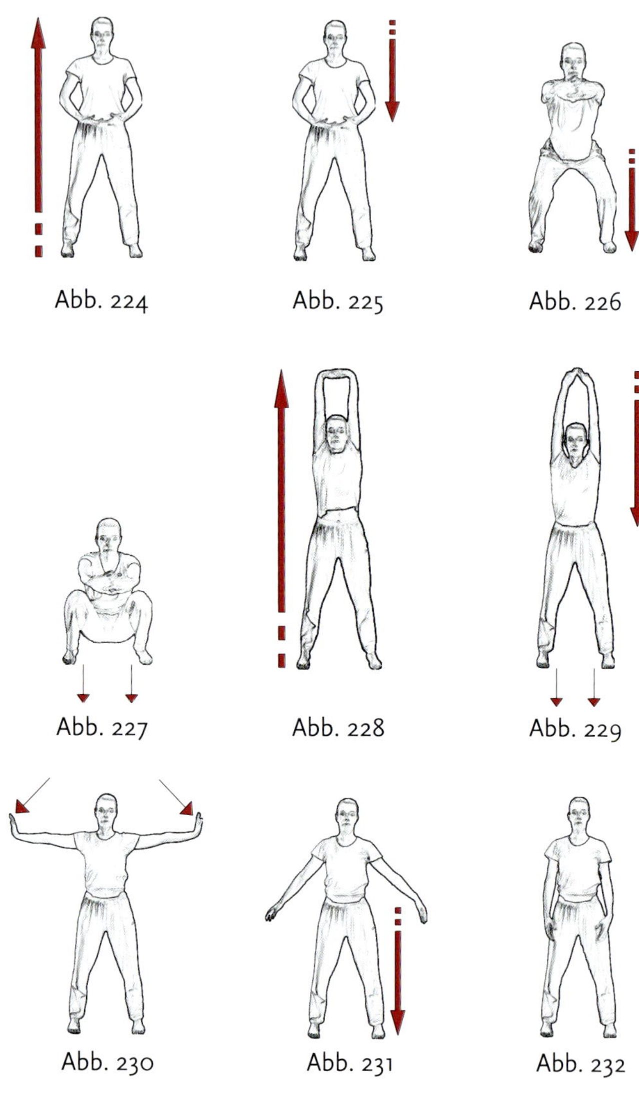

Abb. 224 Abb. 225 Abb. 226

Abb. 227 Abb. 228 Abb. 229

Abb. 230 Abb. 231 Abb. 232

Atem-Übung 4: Hände vor

Die Übung beginnt wie die Atem-Übung 1 mit gebeugtem Oberkörper und herabhängenden Armen. Wenn die Hände vor dem *tanden* 丹田 angelangt sind, wie in Abbildung 224, folgt ein anderer Bewegungsablauf:

Wie?

- Hände am *tanden* 丹田 lassen, Luft strömt über die Körperrückseite bis zum Scheitelpunkt und dann vorn hinunter bis zum *tanden* 丹田 (Abb. 225). So entsteht eine Atemschleife.
- Gewicht bis zum Erdmittelpunkt sinken lassen. Die Arme mit verschränkten Fingern und den Handinnenflächen nach vorne ausstrecken (Abb. 226).
- Ausatmen und langsam in die Hocke setzen (Abb. 227).
- Wieder aufrichten, Arme bleiben nach vorn gestreckt, bis die Beine gestreckt sind. Dann werden die Arme gestreckt über den Kopf nach oben geführt. Dabei Luft einströmen lassen (Abb. 228).
- Luft vorn bis zum *tanden* 丹田 absenken und das Gewicht bis zum Erdmittelpunkt fallen lassen (Abb. 229).
- Arme seitlich in die Horizontale öffnen (Abb. 230).
- Mit dem Ausatmen die Arme langsam seitlich (Abb. 231) zur Hüfte bis zur Ausgangsposition sinken lassen (Abb. 232).

Wofür?

- Siehe Atem-Übung 1
- Kräftigung und Dehnung der Sprung-, Knie- und Hüftgelenke

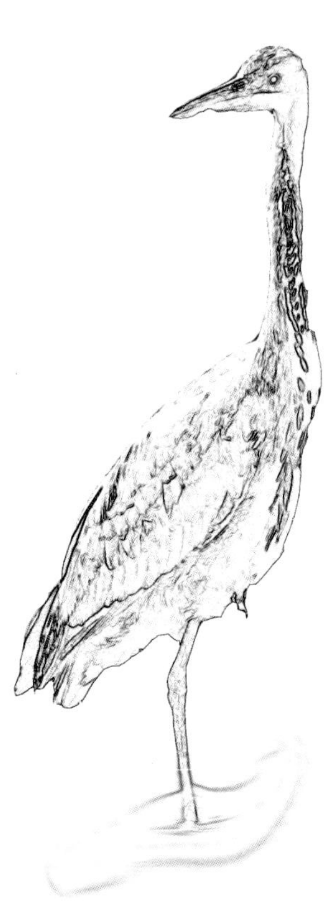

2.4 Partnerübungen: *dôki* 導氣

Chikakuhô 知覚法

Übersetzt bedeutet das Wort *dôki* 導氣: „Führen, Leiten, Aktivieren und Ausgleichen von *ki* 氣". *Chikakuhô* 知覚法 bedeutet: „Wahrnehmen von *ki* 氣, Sensibilisieren von *ki* 氣, Befreien von *ki* 氣". Die Übungen werden mit Partner/in durchgeführt.

Bei den Ki-Übungen zu zweit geht es um das Gleiche wie bei den Ki-Übungen der vorherigen Kapitel. Doch mit einer Partnerin oder einem Partner bekommen die Übungen eine neue Qualität. Das Miteinander erleichtert es, Ungleichgewichte in der Stellung oder Unrundes und Verspanntes wahrzunehmen. Das Partnertraining ist eine gute Möglichkeit, tiefer in sich selbst hineinzublicken und die Aufmerksamkeit zu schärfen.

Die Ki-Übungen mit Partner/in werden mit geringem physischen Kraftaufwand und großer Aufmerksamkeit ausgeführt, genauso wie die Übungen ohne Partner. Beim Ki-Training dürfen nur die für die jeweilige Übung **notwendigen Muskeln in angemessenem Maß** genutzt werden. Jeglicher Gebrauch „überflüssiger" Muskulatur oder ein Einsatz der notwendigen Muskulatur über das angemessene Maß hinaus blockiert den Fluss von *ki* 氣.

Bei allen Ki-Übungen, ob mit oder ohne Partner/in, gilt der Grundsatz „vom Leichten zum Schweren, mit richtigem Einsatz der Atmung und mit angemessener Muskelspannung".

Wir zeigen im Folgenden nur einen kleinen Ausschnitt von Partnerübungen und beschränken uns auf eine Grundhaltung mit vier Bewegungsvarianten.

Partnerübung: Variante 1

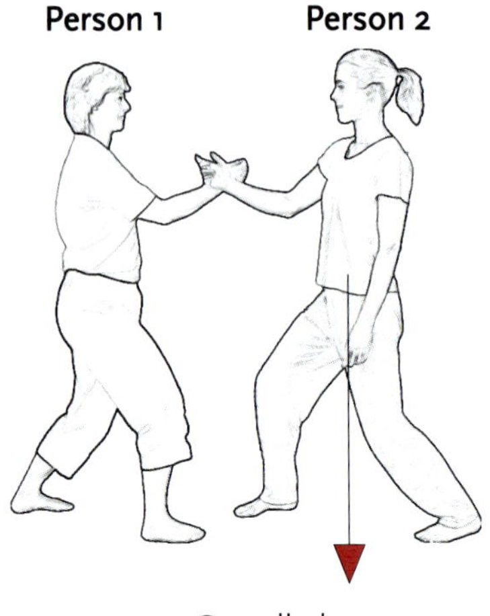

Grundhaltung

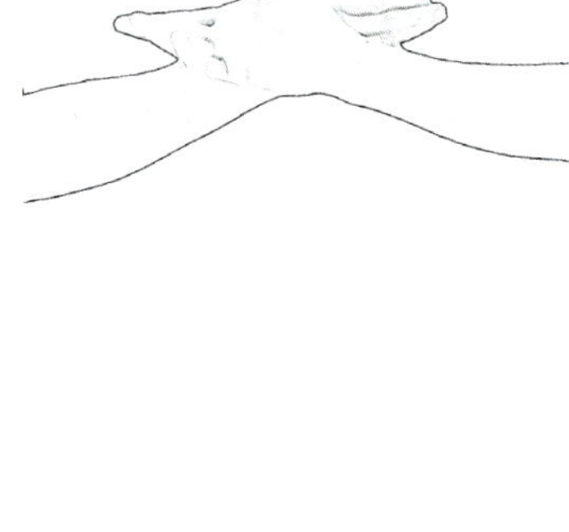

Abb. 233

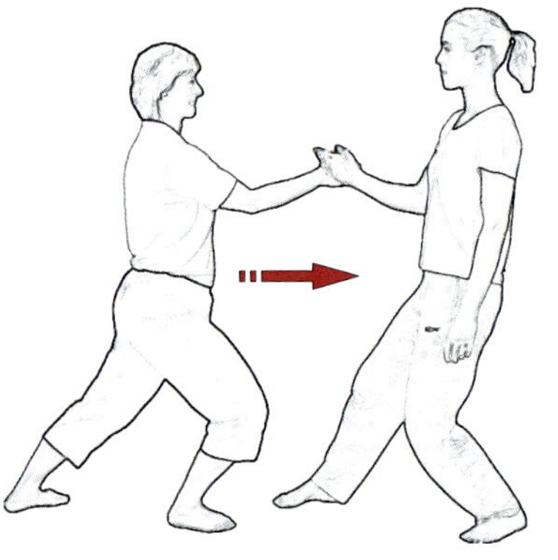

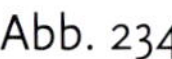

Abb. 234

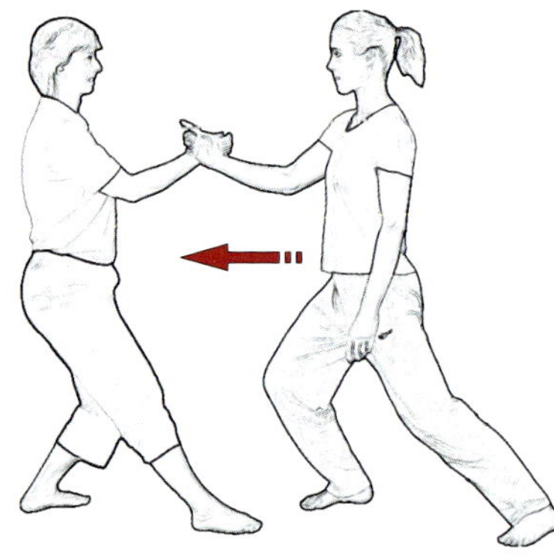

Abb. 235

Partnerübung: Variante 1

Diese Übung kann in verschiedenen Varianten geübt werden und lässt sich gut ausbauen. Sie ist für Anfänger wie für Fortgeschrittene geeignet.

Wie?

- Stehend: Beide Partner stehen mit dem rechten Bein vorn und heben den rechten Arm gebeugt in Richtung der anderen Person (Grundhaltung).
- Die Gelenke sind entspannt, das Gewicht ist unten und die Aufmerksamkeit liegt im eigenen *tanden* 丹田.
- Dabei berühren sie sich sanft an der Außenseite des Unterarmes oder des Handgelenks (Abb. 233). Dieser Kontakt bleibt während der gesamten Übung bestehen.
- Person 1 bewegt das *tanden* 丹田 durch Druck aus den Fußsohlen in Richtung von Person 2. Der Arm bleibt während der Übung in einer stabilen, leicht gebeugten Haltung.
- Person 2 nimmt diesen Druck wahr und bewegt ihr *tanden* 丹田 so lange **geradlinig nach hinten**, wie sie diesen Druck spürt. Ihr Arm bleibt ebenfalls in stabiler, leicht gebeugter Haltung (Abb. 234).
- Nun übernimmt Person 2 die Initiative und bewegt ihr *tanden* 丹田 auf Person 1 hinzu. Diese nimmt den Druck wahr und bewegt ihr *tanden* 丹田 so lange nach hinten, wie sie diesen Druck spürt (Abb. 235).
- Anschließend übernimmt Person 1 wieder die Initiative. Die Bewegung ca. 20-30 Mal wiederholen.

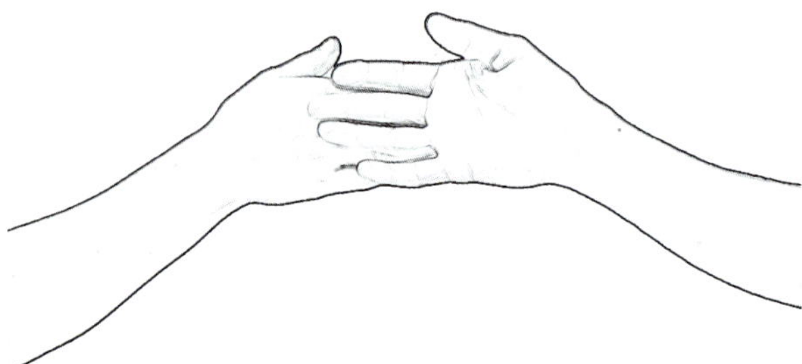

Abb. 236

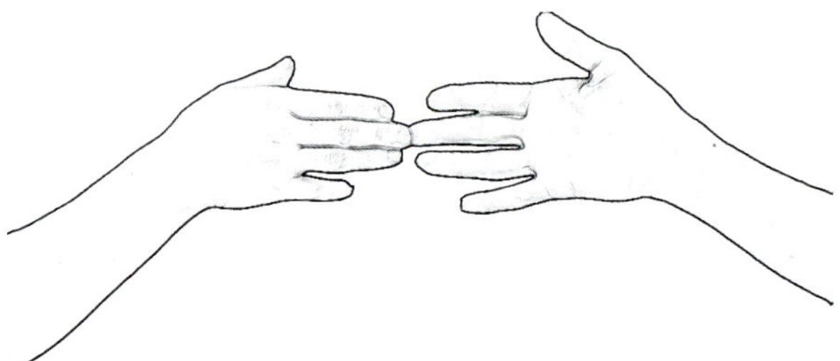

Abb. 237

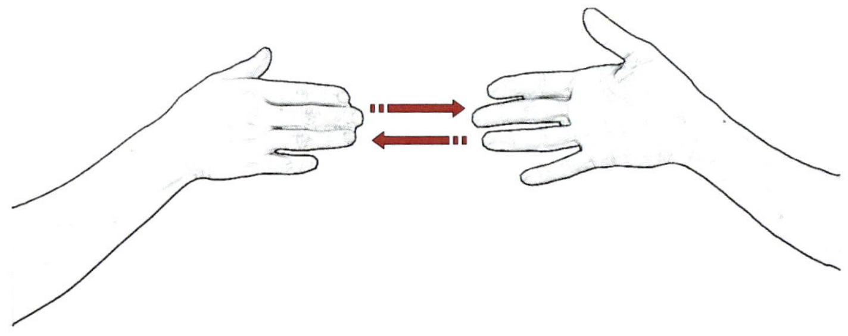

Abb. 238

- Dann den Abstand vergrößern, bis sich nur noch die Rückseiten der Finger berühren (Abb. 236). In dieser Position ebenfalls 20 bis 30 Mal vor und zurück bewegen.
- Anschließend den Abstand noch einmal vergrößern, bis sich nur noch die Fingerspitzen berühren (Abb. 237). Diese Bewegung mehrfach wiederholen.
- Am Ende einen Abstand zwischen den Fingerspitzen lassen und trotzdem den Kontakt zur anderen Person halten, so als wären beide durch dünne Gummibänder miteinander verbunden (Abb. 238).

Hinweise

- Während der Übungsfolge „mit dem *tanden* 丹田 atmen" und die Absicht der Partnerin/des Partners wahrnehmen.
- Auf den Wechsel zwischen **gebendem** und **nehmendem** Part achten.
- Die Initialbewegung kommt aus dem *tanden* 丹田 .

Wofür?

- Wahrnehmung schulen
- Absichten erspüren
- Geben und Nehmen
- Gespür für das Nicht-Sichtbare
- Erfahren eigener Blockaden

Partnerübung: Variante 2

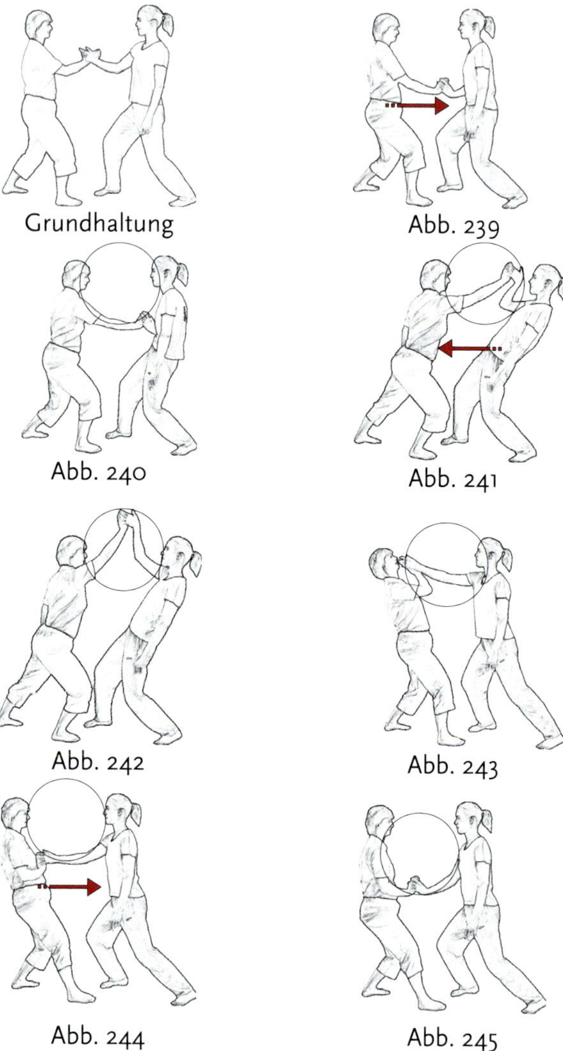

Partnerübung: Variante 2

Die Hände führen eine vertikale Kreisbewegung aus.

Wie?

- Grundhaltung wie bei Variante 1.
- Das *tanden* 丹田 durch Druck aus den Fußsohlen in Richtung der Person 2 bewegen (Abb. 239).
- Person 2 nimmt diesen Druck wahr und bewegt ihr *tanden* 丹田 so lange nach hinten, wie sie diesen Druck spürt (Abb. 240).
- Dann leitet Sie die Absicht von Person 1 nach oben (Abb. 241) und lenkt sie in einer **vertikalen Kreisbewegung** zu Person 1 zurück (Abb. 242).
- Person 1 nimmt ihre Absicht wahr, lässt sich lenken (Abb. 243) und übernimmt erst dann die Führung, wenn sie spürt, dass die Bewegung von Person 2 ihre maximale Weite in ihren Aktionsbereich hinein erreicht hat (Abb. 244).
- Dann führt Person 1 die Kreisbewegung weiter (Abb. 245).
- Die Richtung der kreisförmigen Bewegung ca. 20 Mal wiederholen, dann die Richtung ändern.
- Beide setzen verstärkt den Oberkörper ein und unterstützen durch das Schließen und Öffnen des Körpers (Ganzkörperaktion) ihre jeweilige Absicht.

Wofür?

- Siehe Variante 1
- *Ki* 氣 des Partners lenken
- Blockaden lösen

Partnerübung: Variante 3

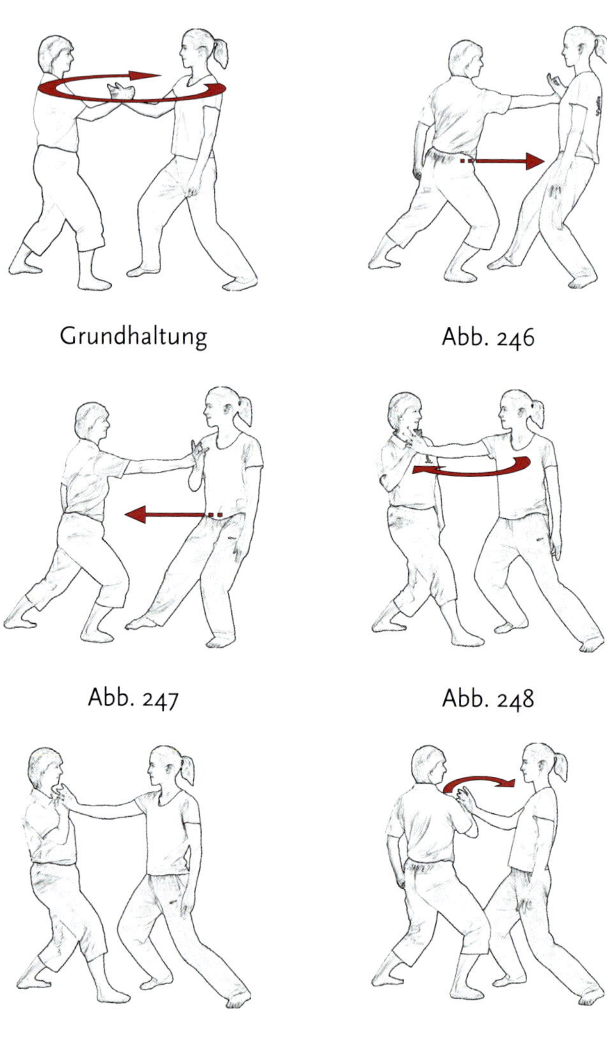

Grundhaltung

Abb. 246

Abb. 247

Abb. 248

Abb. 249

Abb. 250

Partnerübung: Variante 3

Die Hände führen eine horizontale Kreisbewegung aus.

Wie?

- Grundhaltung wie bei Variante 1.
- Person 1 bewegt ihr *tanden* 丹田 durch Druck aus den Fußsohlen mit einer horizontalen Kreisbewegung der führenden Hand an die rechte Seite von Person 2 (Abb. 246).
- Person 2 nimmt diesen Druck wahr und bewegt ihr *tanden* 丹田 so lange nach hinten, wie sie diesen Druck spürt. Dann leitet Sie die Hand und die Absicht von Person 1 in eine **horizontale Kreisbewegung** ab (Abb. 247).
- Person 2 lenkt Person 1 in eine horizontale Kreisbewegung weiter (Abb. 248).
- Bei beiden Personen bewegen sich ausgiebig die Schultern und der Rumpf mit. Es entsteht eine Verdrehung im Körper.
- Person 1 nimmt die Absicht von Person 2 wahr, lässt sich lenken und übernimmt die Führung, sobald die Bewegung ihre maximale Weite in ihren Aktionsbereich hinein erreicht hat (Abb. 249).
- Person 1 führt die Kreisbewegung weiter (Abb. 250).
- Diese Richtung 20 Mal wiederholen. Dann gibt Person 2 die Anfangsbewegung vor, und die horizontale Kreisbewegung wird in die andere Richtung ausgeführt.
- Auch diese neue Richtung ca. 20 Mal wiederholen.

Wofür?

- Siehe Varianten 1 und 2
- Beweglichkeit und Kräftigung für Schultern und Rumpf

Partnerübung: Variante 4

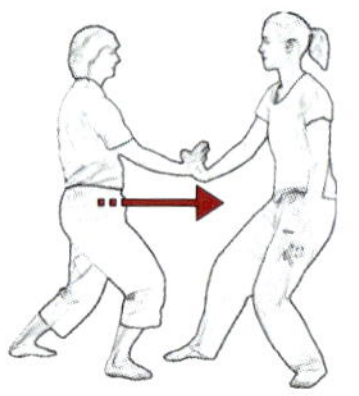
Abb. 251

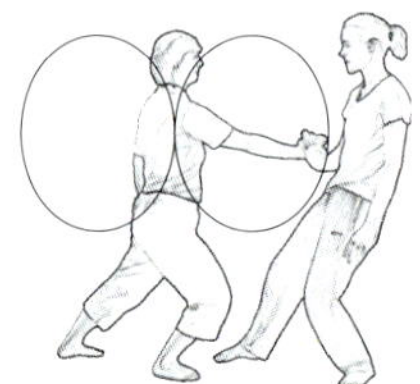
Abb. 252

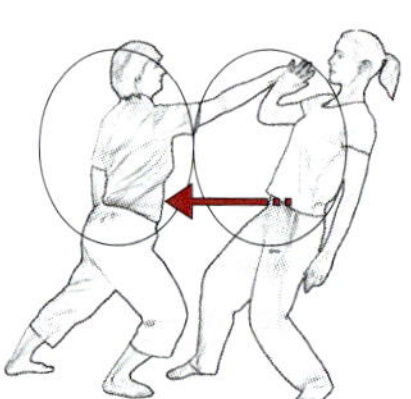
Abb. 253

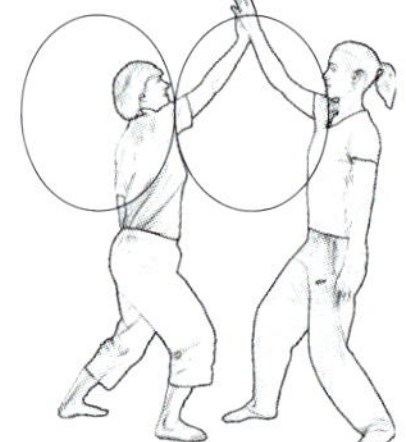
Abb. 254

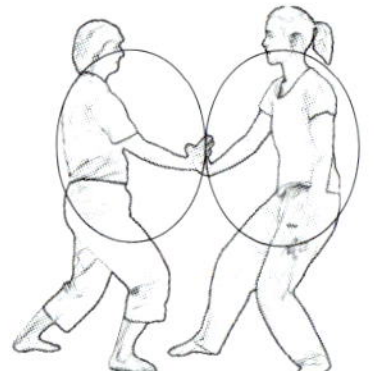
Abb. 255

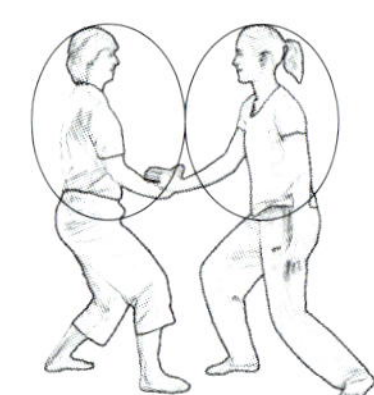
Abb. 256

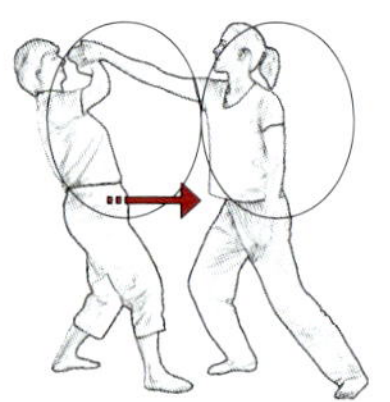
Abb. 257

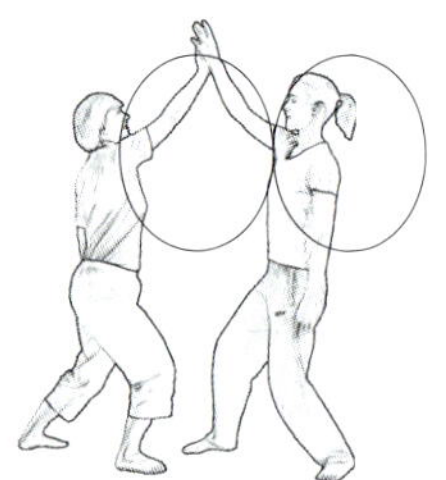
Abb. 258

Partnerübung: Variante 4

Bisher haben wir unseren Partner seine Bewegung zu Ende führen lassen und erst dann sein *ki* 氣 in eine andere Richtung gelenkt. In Variante 4 lenken wir das *ki* 氣 in der Mitte der ausführenden Bewegung um und führen es in eine andere Richtung. Es entsteht eine Acht (8). Wieder übernehmen beide Personen abwechselnd die gebende und die nehmende Rolle.

Wie?

- Grundhaltung wie in Variante 1.
- Person 1 bewegt ihr *tanden* 丹田 durch Druck aus den Fußsohlen in Richtung Person 2 (Abb. 251).
- Person 2 nimmt diesen Druck wahr und bewegt ihr *tanden* 丹田 so lange zurück, wie sie diesen Druck spürt (Abb. 252).
- Dann leitet Sie die Hand und die Absicht von Person 1 nach oben (Abb. 253) und lenkt sie in eine **vertikale Achterbewegung** (Abb. 254).
- Jetzt führt Person 2 die Hand von Person 1 runter zu ihrem *tanden* 丹田 (Abb. 255). Von dort schiebt Person 2 ihren gesamten Körper vor in Richtung von Person 1 (Abb. 256).
- Person 1 leitet dann ihr *ki* 氣 nach oben (Abb. 257) und führt die Hand in einer Kreisbewegung weiter (Abb. 258).
- Es entsteht eine Bewegung, die der Zahl Acht entspricht.

Wofür?

- Siehe Varianten 1 und 2
- Führen und geführt werden
- Anpassungsfähigkeit

3.

Karate-Techniken

氣
空
手

ki-karate

Kampfkunst

The beginning of a correct technique
is correct posture,
which is to straigthen the spine,
pull in the chin,
and tilt pelvis up.

Hiroo Ito[5]

Vor Kurzem wurde mir wieder die Frage gestellt: „Wo beginnt eine Karate-Technik? Wo starte ich die Bewegung, in der Fußsohle oder im *tanden* 丹田?“

Ich denke, der Impuls der Bewegung beginnt im *tanden* 丹田. Dort stelle ich mir einen Ball vor, der auf den Boden hinabfällt. Mit dieser Fallbewegung des gesamten Körpers zur Verstärkung der Erdanziehung erzeuge ich über die Fußsohlen einen Druck auf den Boden. Dabei entsteht ein Gegendruck. Ebenso wie ein Ball, den ich mit Schwung auf den Boden werfe, einen Gegendruck erfährt,

5 Hirotoo Ito was a student of Shihan Kori Hisataka (Kudaka in the Okinawan dialect), the founder of Shorinji-Ryu Kenkokan Karate. In: Kris Wilder S. XII

so erfährt auch mein Körper einen Gegendruck. Je stärker ich den Ball auf den Boden werfe, desto höher springt er. Je mehr Druck ich über die Fußsohlen auf den Boden bringe, desto mehr Druck hat meine daraus folgende Karate-Technik. Diese Arbeit mit der Gegenerdanziehung ist das, was ich als „Kraft aus der Erde holen" bezeichne.

Um die Erdanziehung und die Gegenerdanziehung zu nutzen, ist stabiler, ständiger Kontakt mit den Fußsohlen auf dem Boden notwendig. Karatebewegungen brauchen den Kontakt der Erde, um den Druck von oben nutzen zu können. Voraussetzung für möglichst effektiven Druck von oben ist die Fähigkeit, den Körper mithilfe der Schwerkraft plötzlich fallenzulassen. Ich meine, unsere Karatebewegungen beginnen nicht einfach im *tanden* 丹田 und laufen von dort direkt in die Technik, sodass die Beine „nur so dazukommen", sondern der Bewegungsablauf ist folgender: „Runter fallen lassen" aus dem *tanden* 丹田 und danach „Aktiv hoch drücken" aus den Fußsohlen. Weiterleiten des Drucks durch den gesamten Körper in die jeweilige Technik. Dies ist für die Effektivität einer Technik entscheidend. Dabei ist sowohl der angemessene Einsatz der Fußsohlen und der einzelnen Gelenke als auch der Einsatz des *tanden* 丹田 wichtig.

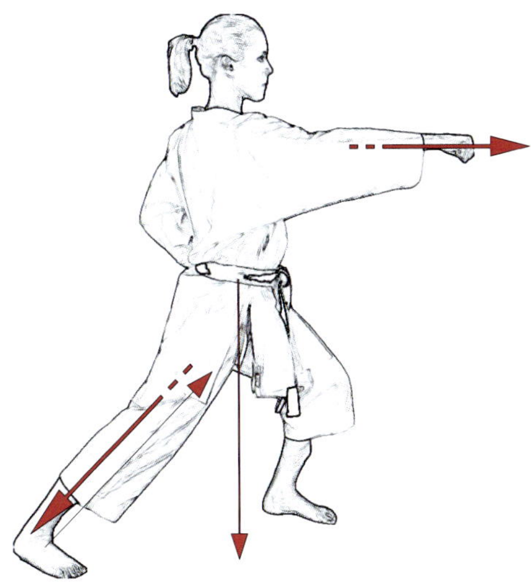

3.1 Abwehr-Techniken: *uke waza* 受け技

Abwehr nach unten: *gedan barai* 下段払い

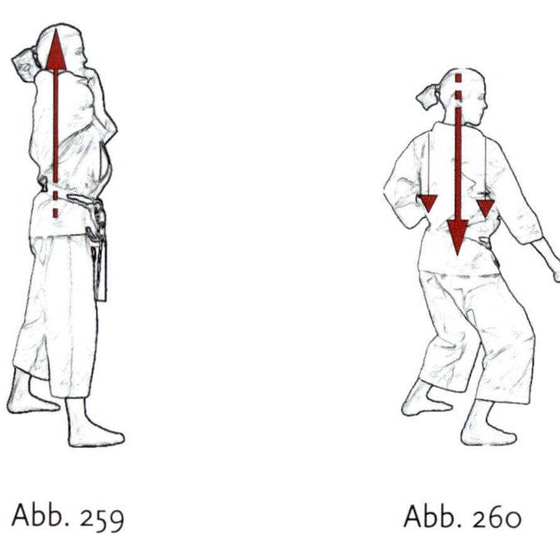

Abb. 259 Abb. 260

Test

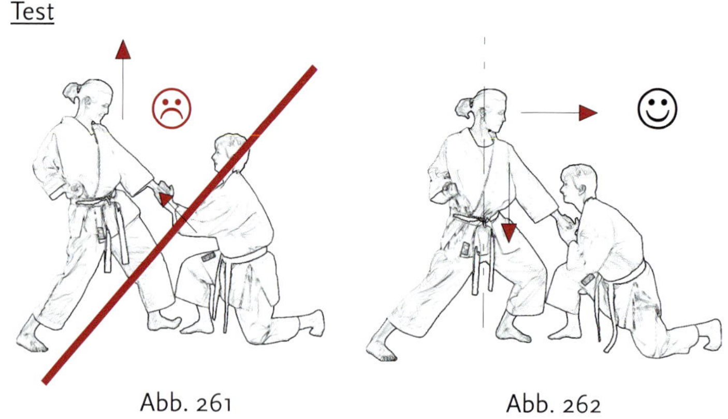

Abb. 261 Abb. 262

3.1 Abwehr-Techniken: *uke waza* 受け技

Im Folgenden werden aus den Ki-Übungen abgeleitete vorbereitende Übungen für bekannte Karate-Abwehr-Techniken beschrieben.

Die Abwehrtechniken sollen so effektiv und stabil wie möglich sein. Dafür sind folgende Punkte wichtig: Biomechanisch sinnvollste Ausrichtung von Körper und Geist im richtigen Moment, angemessene Atmung, Einsatz der notwendigen Muskulatur und Entspannung der für die Aufgabe nicht notwendigen Muskulatur.

Abwehr nach unten: *gedan barai* 下段払い

Wie?

- Im verkürzten *zenkutsu dachi* 前屈立ち stehen.
- Rechten Arm wie bei der Ausholbewegung von *gedan barai* 下段払い zurückziehen. Diese Ausholbewegung des rechten Armes durch zusätzlichen Druck mit dem linken Arm verstärken (Abb. 259).
- Den linken Arm wegnehmen, dadurch fällt der rechte Arm und der gesamte Körper mit der Erdanziehung nach unten, wie in Ki 3. Dabei ausatmen (Abb. 260).

Test

- *Gedan barai* 下段払い in *zenkutsu dachi* 前屈立ち stehen. Die Partnerin/der Partner überprüft durch Druck von vorn die Stabilität.
- Abb. 261: Schulter zu hoch, fehlende Ausrichtung nach vorn, Technik ist nicht stabil.
- Abb. 262: Beide Schultern sind unten, Aufmerksamkeit ist unten vorn, Technik ist stabil.

Wofür der Test?

- Überprüfen der Stabilität und Effektivität des *gedan barai* 下段払い.

Abwehr nach oben: *jôdan age uke* 上段上げ受け

von vorn:

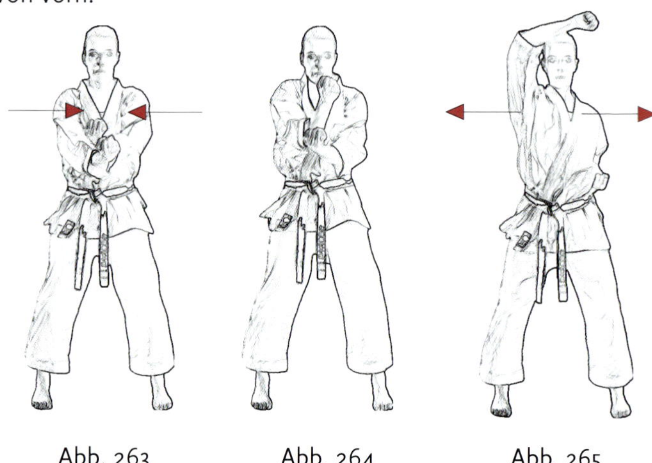

Abb. 263 Abb. 264 Abb. 265

von der Seite:

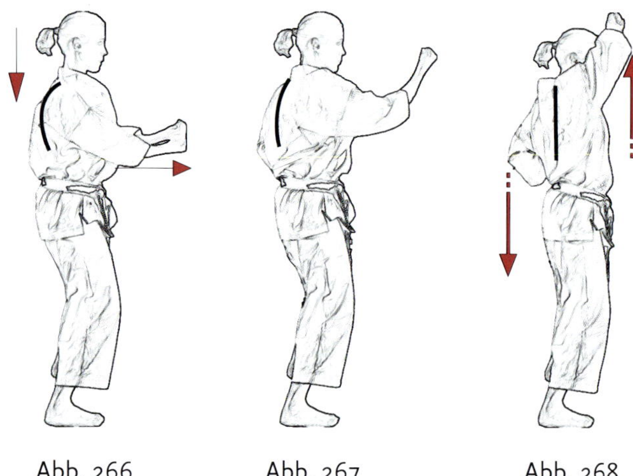

Abb. 266 Abb. 267 Abb. 268

Abwehr nach oben: *jôdan age uke* 上段上げ受け

Wie?

- Im *heikô dachi* 平行立ち stehen, Arme sind vor dem Körper gekreuzt, Ellenbogen möglichst eng vor dem Körper schließen, Fäuste zeigen nach vorn, Unterarm parallel zum Boden, Brustwirbelsäule ist leicht rund nach vorn gebeugt (vorn: Abb. 263, seitl.: Abb. 266).
- Der rechte Arm geht nach vorn oben, der linke Arm wird eng am Körper zurückgezogen. Die Wirbelsäule wird nach oben gestreckt, wie in Ki 4 (Abb. 264 + 267).
- Das Zurückziehen, *hikite* 引き手, hilft, das Schulterblatt weit nach hinten unten zu führen.
- In der Endposition des *age uke* 上げ受け werden beide Schulterblätter gesenkt, der linke Ellenbogen soll von vorn nicht zu sehen sein (Abb. 265 + 268).

Test (S. 141)

- *Age uke* 上げ受け in *heikô dachi* 平行立ち ausführen wie oben beschrieben. Partner/in überprüft durch Druck von oben die Stabilität.
- Abb. 274: Schulterblätter zu hoch, Blick nach unten verhindert Streckung der Wirbelsäule, der Abwehrarm ist nicht stabil.
- Abb. 275: Schulterblätter sind unten „eingerastet", Körper hat sich „gesetzt", Aufmerksamkeit ist vorn, Wirbelsäule ist gestreckt, Technik ist stabil.

Wofür der Test?

- Stabilität und Effektivität des *jôdan age uke* 上段上げ受け überprüfen.

Vorübung für *jôdan age uke* 上段上げ受け

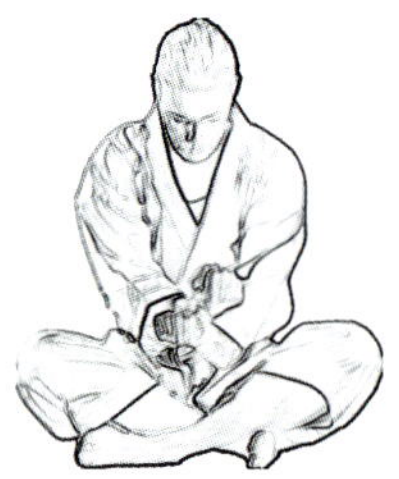

Abb. 269

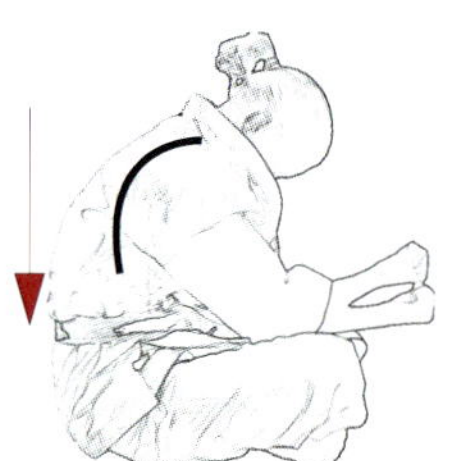

Abb. 270

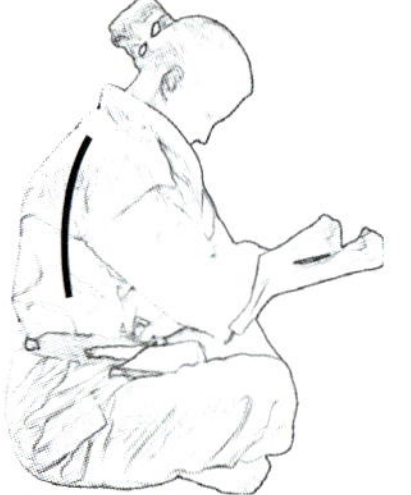

Abb. 271

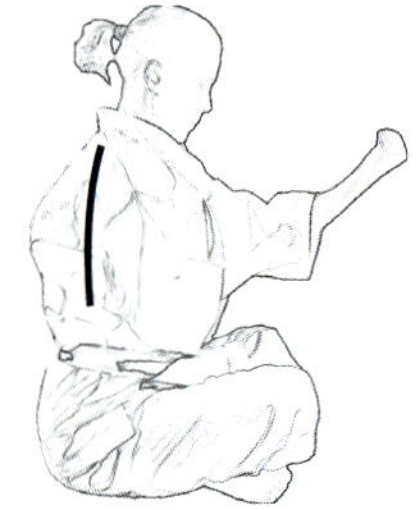

Abb. 272

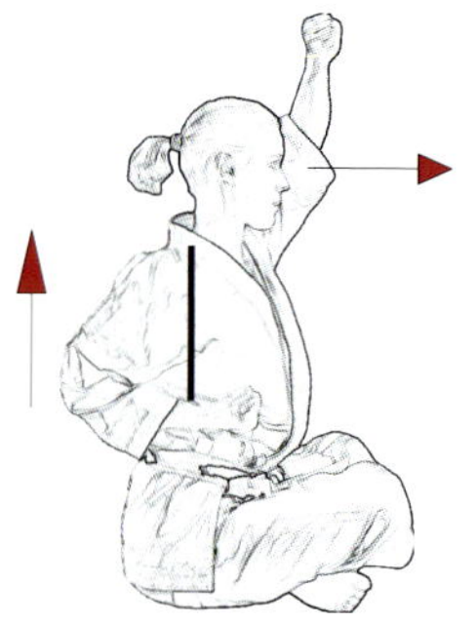

Abb. 273

Vorübung für *jôdan age uke* 上段上げ受け

Wie?

- Im Schneidersitz: Brustwirbelsäule rund machen (Abb. 269).
- *Age uke* 上げ受け ausführen durch Aufrichten und Strecken der Brustwirbelsäule (Abb. 270-273).
- Endposition: *hikite* 引き手 Unterarm ist parallel zum Boden, beide Schulterblätter unten „eingerastet“, Wirbelsäule aufrecht, Brustbein nach oben (Abb. 273).

Wofür?

- Gezielter Einsatz des oberen Rückens und Brustbereichs
- Rückenmuskulatur stärken

Test

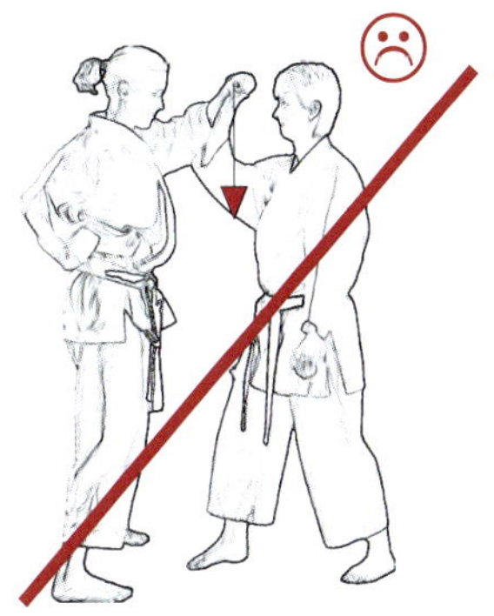

Abb. 274

- Mangelnde Rückenspannung
- Blick nach unten
- Schulterblätter oben

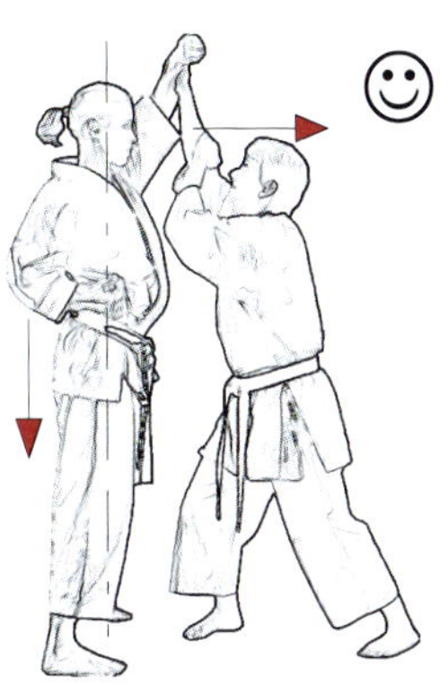

Abb. 275

- Wirbelsäule gestreckt
- Blick nach vorn
- Schulterblätter „eingerastet“

Abwehr zur Seite: *uchi uke* 内受け

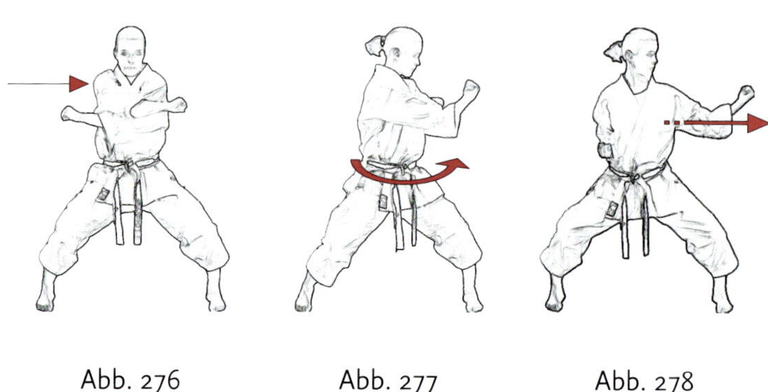

Abb. 276 Abb. 277 Abb. 278

Test

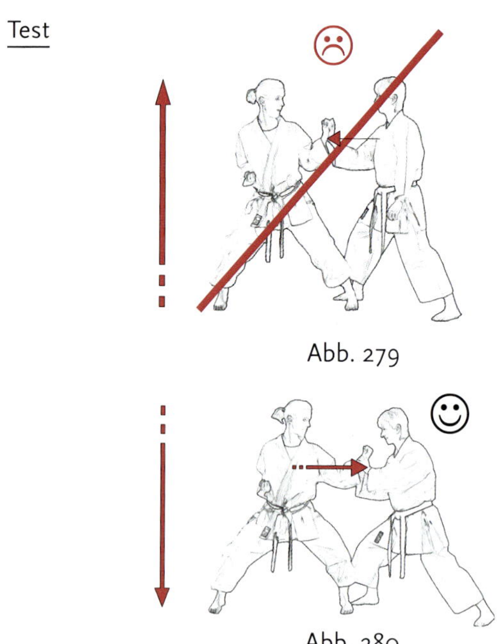

Abb. 279

Abb. 280

Abwehr zur Seite: *uchi uke* 内受け

Wie?

- Im *kiba dachi* 騎馬立ち stehen.
- Linker Arm ist unter dem rechten Arm, die Ellenbogen sind übereinander. Arme so stark wie möglich kreuzen (Abb. 276).
- Der Oberkörper bewegt sich nach links, der linke Arm bewegt sich bis in seine Endposition (Abb. 277).
- Oberkörper wieder zurückdrehen, den rechten Arm weit nach hinten ins *hikite* 引き手 ziehen. Beide Schulterblätter sind unten. Der Brustbereich ist weit geöffnet, wie in Ki 2 (Abb. 278).

Test

- Im *kiba dachi* 騎馬立ち *uchi uke* 内受け ausführen. Partner/in überprüft durch Druck von der Seite die Stabilität.
- Abb. 279: Körper und Aufmerksamkeit nach oben gerichtet, linke Körperseite geschlossen, Technik ist nicht stabil.
- Abb. 280: Körper und Aufmerksamkeit nach unten und zur Seite gerichtet, linke Körperseite geöffnet, Technik ist stabil.

Wofür der Test?

- Stabilität und Effektivität des *uchi uke* 内受け
- Korrekter Einsatz von Körper und Geist

Abwehr nach innen: *soto uke* 外受け

von vorn:

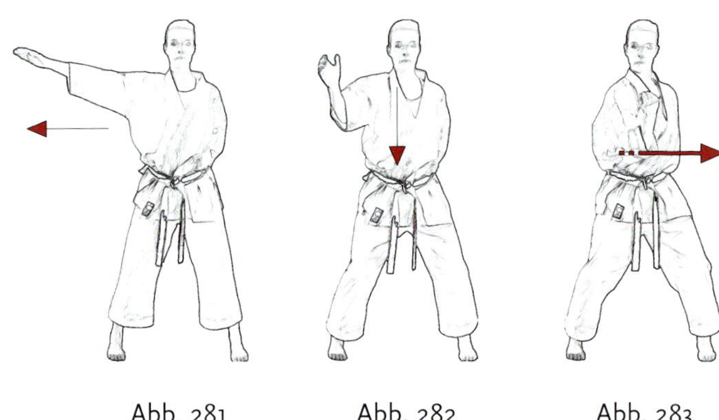

Abb. 281 Abb. 282 Abb. 283

von der Seite:

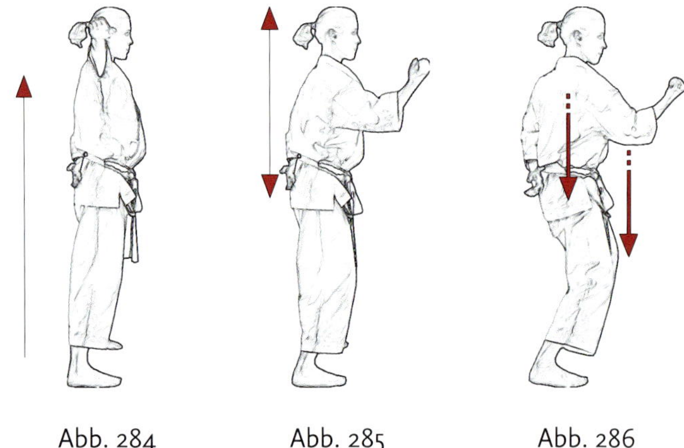

Abb. 284 Abb. 285 Abb. 286

Abwehr nach innen: *soto uke* 外受け

Wie?

- Schulterbreit stehen, rechter Arm holt seitlich mit entspannter Hand aus (vorn: Abb. 281, seitl.: 284).
- Mit dem Fallenlassen von Arm und Körper (Abb. 282 + 285) die Gelenke beugen, die Faust schließen, die Wirbelsäule strecken.
- Der Ellenbogen ist vor dem Körper nach innen gezogen (Abb. 283 + 286).

Test

- Partner/in prüft durch Druck von innen vorn die Stabilität des Armes und des Standes.

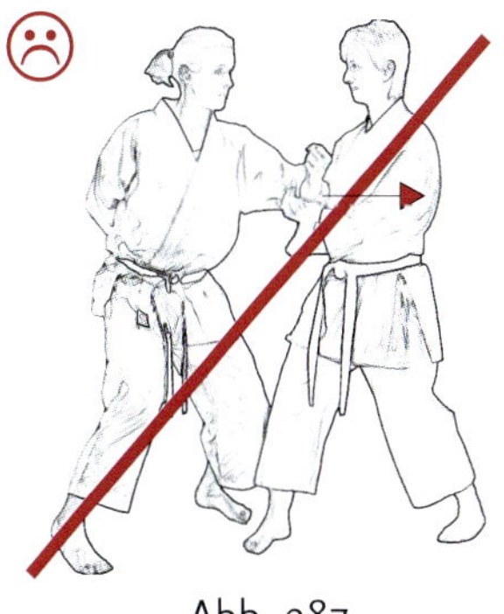

Abb. 287

- Körperschwerpunkt zu hoch, WS krumm

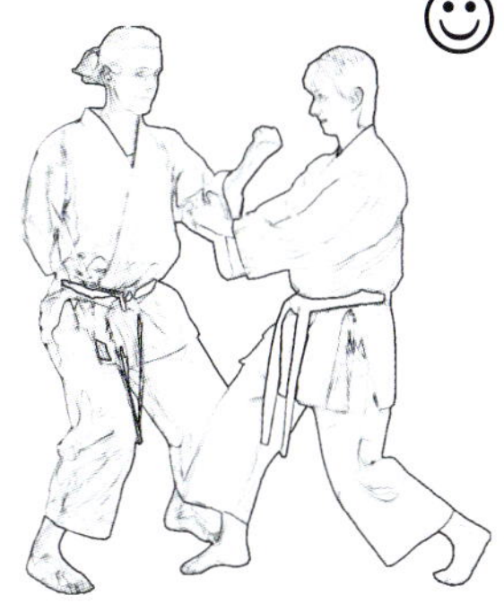

Abb. 288

- Körperschwerpunkt tief, WS gestreckt

Wofür der Test?

- Überprüfen von Stabilität und Effektivität
- Überprüfen des korrekten Einsatzes des gesamten Körpers und der Aufmerksamkeit

3.2 Angriffs-Techniken: *ude waza* 腕技

Fauststoß: *gyakuzuki* 逆突き

Vorübung: Welle

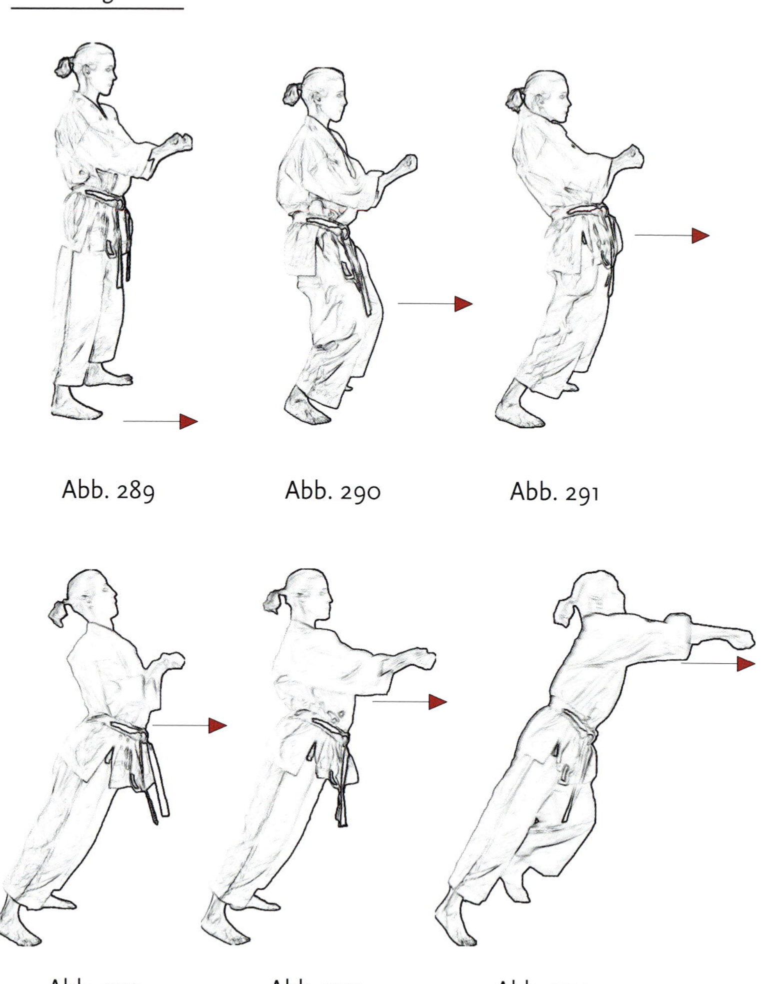

Abb. 289 Abb. 290 Abb. 291

Abb. 292 Abb. 293 Abb. 294

3.2 Angriffs-Techniken: *ude waza* 腕技

Fauststoß: *gyakuzuki* 逆突き

Vorübung: Welle

Wie?

- Schulterbreit stehen, beide Ellenbogen vor dem Körper schließen, Unterarme möglichst parallel zum Boden, Fäuste zeigen nach vorn (Abb. 289).
- Gewichtsverlagerung von den Fersen auf die Ballen und Zehen, Knie vorschieben (Abb. 290).
- Oberschenkel und Hüfte vorschieben (Abb. 291).
- Wirbelsäule Wirbel für Wirbel nach vorn bringen (Abb. 292).
- Schulterblätter hinunterziehen und nach vorn stoßen (Abb. 293).
- Nacheinander Ellenbogen und Faust nach vorn stoßen (Abb. 294).

Wofür?

- Wellenbewegung der Wirbelsäule
- Wellenbewegung des gesamten Körpers für die Vorwärtsbewegung der Faust nutzen
- Kräftigen der Gelenke
- Kraft über die Fußsohle aus dem Boden holen
- Druck aus den Fußsohlen
- Verlauf der Spannung durch den Körper
- Beweglichkeit und Kräftigung der Wirbelsäule
- Effektivität des Fauststoßes durch Ausnutzen biomechanischer Möglichkeiten des Körpers

Vorübung: Fallenlassen von Körper und Faust

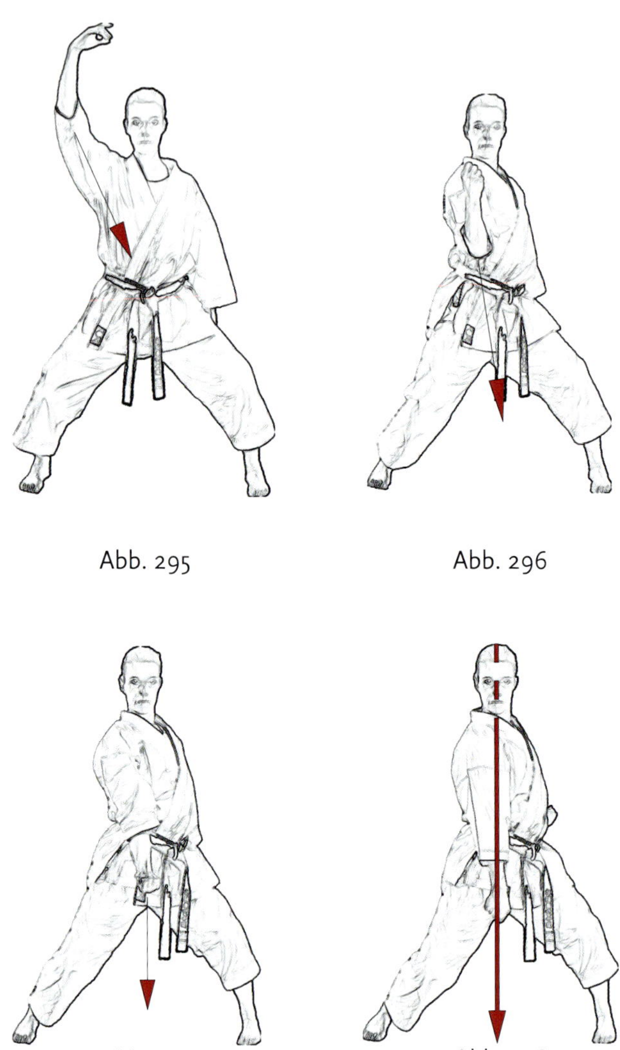

Abb. 295

Abb. 296

Abb. 297

Abb. 298

Vorübung: Fallenlassen von Körper und Faust

Wie?

- Im *kiba dachi* 騎馬立ち stehen, entspannte rechte Faust nach oben heben, Luft strömt ein (Abb. 295).
- Im Folgenden fällt der ganze Körper im *seichûsen* 正中線 zum Boden, wie in Ki 3.
- Gewicht fallen lassen, rechter Arm fällt, rechtes Knie und rechte Hüfte fallen nach vorn unten, Atem „fällt" (Abb. 296).
- Rechte Schulter fällt, Unterarm fällt. Dabei die Faust fest schließen. Der Arm fällt: Ausgehend vom kleinen Finger nacheinander die Finger fest schließen, bis die Faust ganz geschlossen ist (Abb. 297).
- Als Letztes erfolgt die Drehung der Faust, ein „Sich-in-den-Boden-schrauben" von Zeige- und Mittelfinger der rechten Hand zusammen mit der Ausatmung (Abb. 298).

Wofür?

- Gefühl entwickeln für die Erdanziehung und für das „Gewicht in der Faust"
- Fallbewegung üben
- Fallenlassen des gesamten Körpers: Rippen fallen nach unten, Schultern fallen hinab
- Technik mithilfe der Schwerkraft ausführen
- Koordination des „Nacheinander" im Fallen
- Effektivität des Fauststoßes durch Fallenlassen

Vorübung: Eindrehen der Beinmuskulatur ab der Fußsohle

Vorderes Bein:

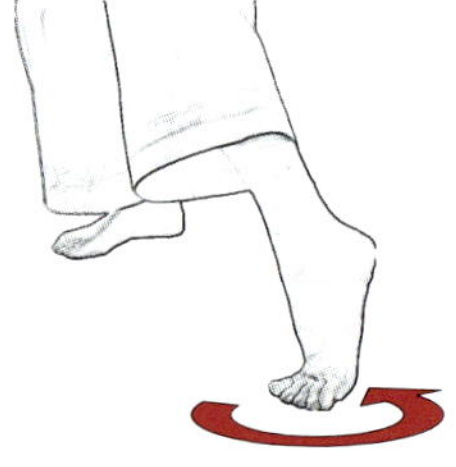
Abb. 299

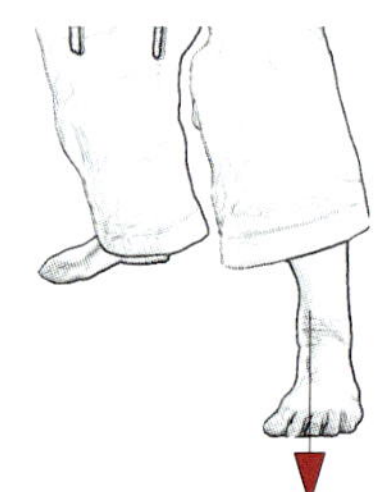
Abb. 300

Hinteres Bein:

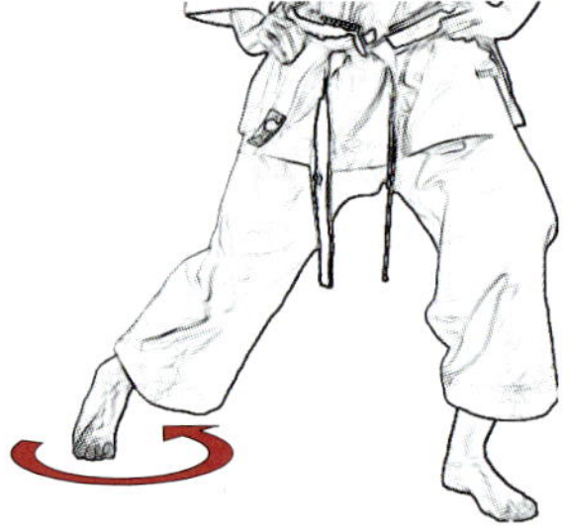
Abb. 301

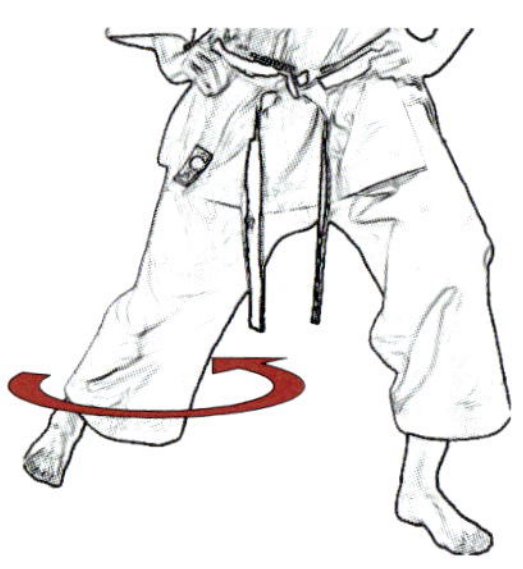
Abb. 302

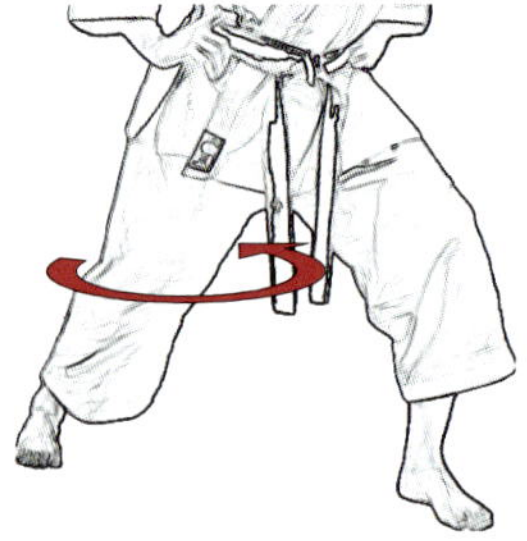
Abb. 303

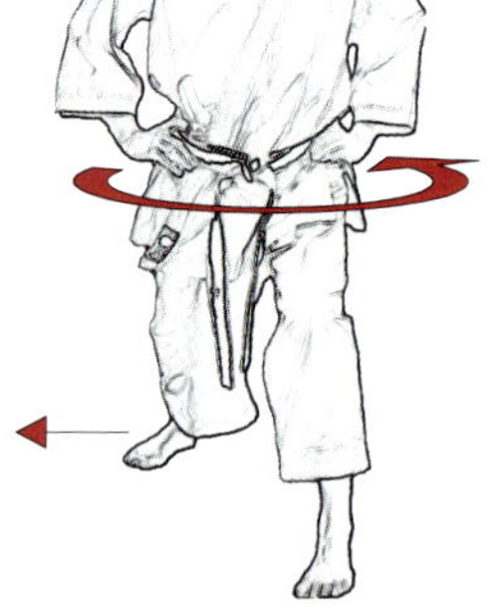
Abb. 304

Vorübung: Eindrehen der Beinmuskulatur ab der Fußsohle

Wie?

Vorderes Bein:

- Links vor im *zenkutsu dachi* 前屈立ち stehen, Hände stützend an den Hüften, linken Fuß auf dem großen Zeh nach innen gedreht auf den Boden setzen (Abb. 299),
- Dann den Fuß über die Zehen, die Außenkante, die Ferse und die Innenkante eindrehen und dabei absetzen (Abb. 300).
- Die Drehung setzt sich über den Unterschenkel, das Knie und den Oberschenkel fort, bis das Eindrehen des Oberschenkels ein Eindrehen der linken Hüfte bewirkt.
- Unbedingt den Druck auf der Innenkante beibehalten und das Knie stabil über dem großen Zeh lassen!

Hinteres Bein:

- Links vor im *zenkutsu dachi* 前屈立ち stehen, Hände stützend an den Hüften, rechten Fuß auf den großen Zeh stellen, Hüfte 45° öffnen (Abb. 301).
- Eindrehen von: Innenkante, Ferse, Außenkante, Zehen (Abb. 302), bis die gesamte Fußsohle Bodenkontakt hat.
- Drehung über den Unterschenkel, das Knie (Abb. 303) und den Oberschenkel fortsetzen, bis das Eindrehen des Oberschenkels ein Eindrehen der rechten Hüfte bewirkt (Abb. 304).
- Unbedingt den Druck auf der Außenkante beibehalten und das Knie stabil halten!

Wofür?

- Drehung beider Hüftgelenke mittels Eindrehen der Beine
- Verlauf der Muskulatur zur Erzeugung der Spannung nachfühlen

Gyakuzuki 逆突き im *zenkutsu dachi* 前屈立ち

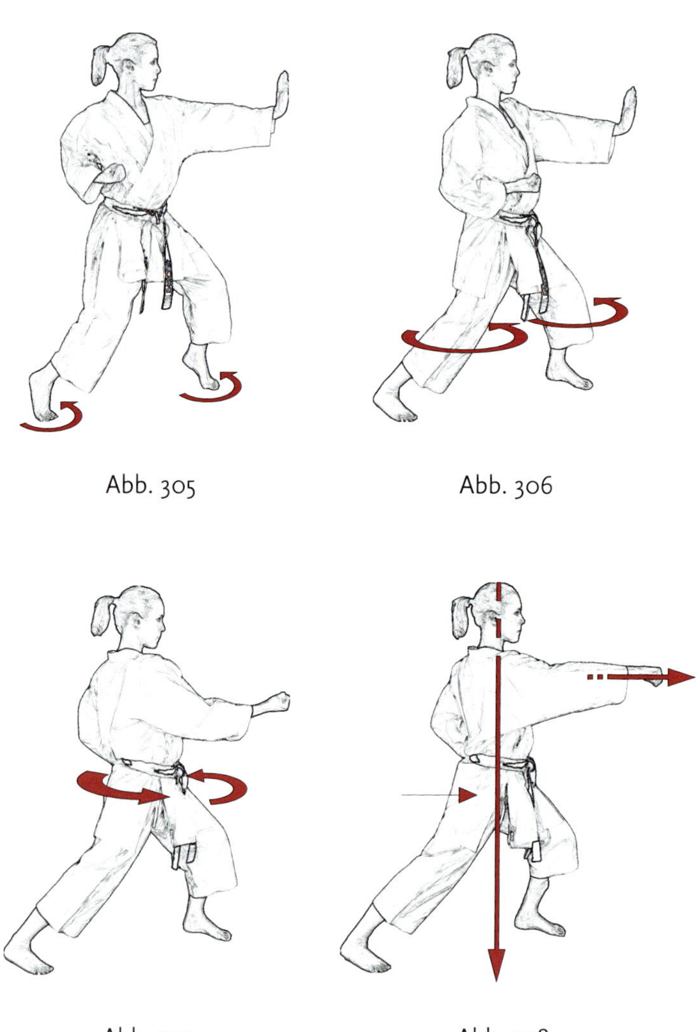

Abb. 305

Abb. 306

Abb. 307

Abb. 308

Gyakuzuki 逆突き im *zenkutsu dachi* 前屈立ち

Füße und Fußsohlen müssen bewusst für eine Technik eingesetzt werden, bevor es möglich ist, zielgerichtet „den Ball fallen zu lassen".

Wie?

- Links vor im *zenkutsu dachi* 前屈立ち stehen, beide Fersen anheben, linke Hand holt nach vorn aus, rechte Faust ist an der Hüfte im *hikite* 引き手 (Abb. 305).
- Nacheinander beide Beine und beide Hüftgelenke ab der Fußsohle eindrehen, wie in der Vorübung „Eindrehen der Beinmuskulatur" auf Seite 150 beschrieben (Abb. 306).
- Wellenbewegung über Hüfte und Wirbelsäule weiterführen, wie in der Vorübung „Welle", auf Seite 146 beschrieben (Abb. 307).
- Mit dem Fallenlassen des gesamten Körpers, wie in der Vorübung „Fallenlassen von Körper und Faust", auf Seite 148 beschrieben, die Welle zum Ende führen und den Fauststoß ausführen (Abb. 308).

Wofür?

- Bewegungsablauf des Fauststoßes ab der Fußsohle bewusst durchführen
- Effektivität des Fauststoßes durch:
  – Wellenbewegung
  – Beinspannung
  – Fallenlassen

Fußtritt nach vorn: *mae-geri* 前蹴り

Vorübungen

1)

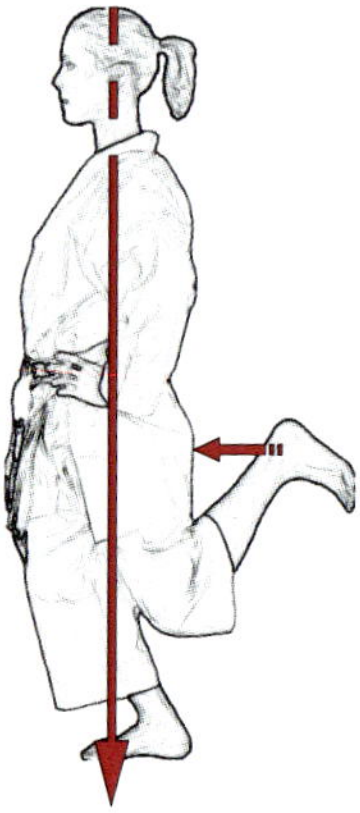

Abb. 309

2)

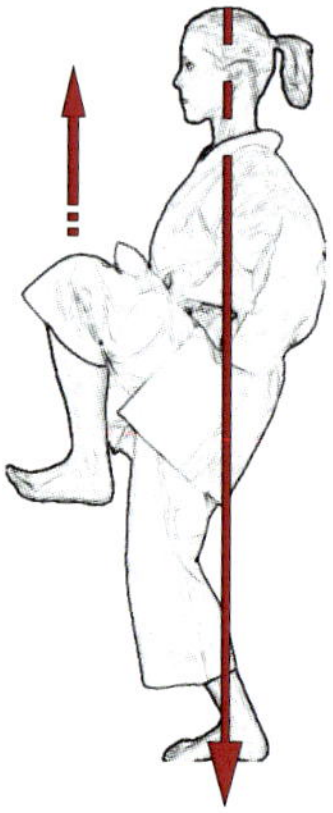

Abb. 310

3)

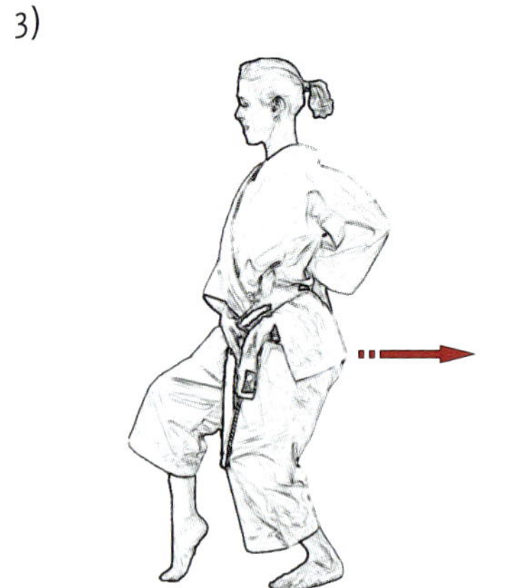

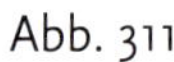

Abb. 311

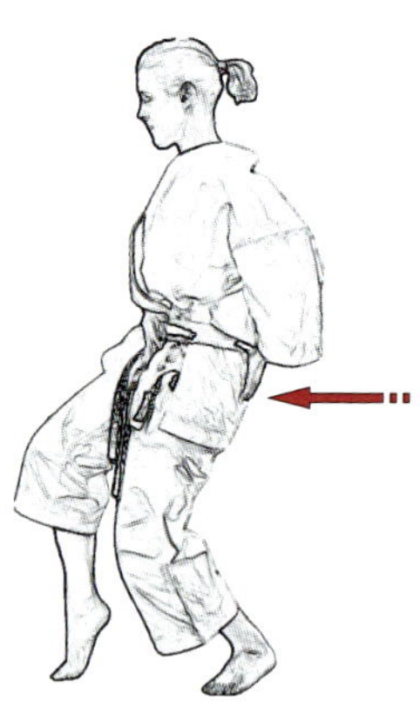

Abb. 312

Fußtritt nach vorn: *mae-geri* 前蹴り

In der Literatur wird unterschieden zwischen einem geschnappten Fußtritt nach vorn, dem *mae-geri keage* 前蹴上げ und einem gestoßenen Fußtritt nach vorn, dem *mae-geri kekomi* 前蹴込み.

Wie?

Vorübungen

1) Im *zenkutsu dachi* 前屈立ち stehen, Gewicht auf das vordere Bein, Standbein bleibt tief, Oberkörper bleibt aufrecht, hinteres Knie bleibt an seiner Position, nur die Ferse an das Gesäß ziehen (Abb. 309), 10 Mal wiederholen.
2) Gewicht auf das vordere Bein, Standbein bleibt tief, Oberkörper bleibt aufrecht, Knie wird direkt an die Brust gezogen (Abb. 310), 10 Mal wiederholen.
3) Im *nekoashi dachi* 猫足立ち stehen, Standbein gebeugt, Becken nach unten, Hüftgelenke nach hinten drücken (Abb. 311). Danach Becken nach oben und Hüftgelenke nach vorn drücken (Abb. 312). 10 Mal wiederholen.
   Es ist wichtig, bei dieser Übung den unteren Rücken durch Einsatz der Beckenbodenmuskulatur zu stabilisieren.

Wofür?

- Gleichgewicht
- Standbein kräftigen
- Rumpfmuskulatur stärken
- Anzugsbewegung des Trittbeins
- Innere und untere Bauchmuskulatur
- Schnelle, effektive Fußtritte

Geschnappter Tritt: *mae-geri keage* 前蹴上げ

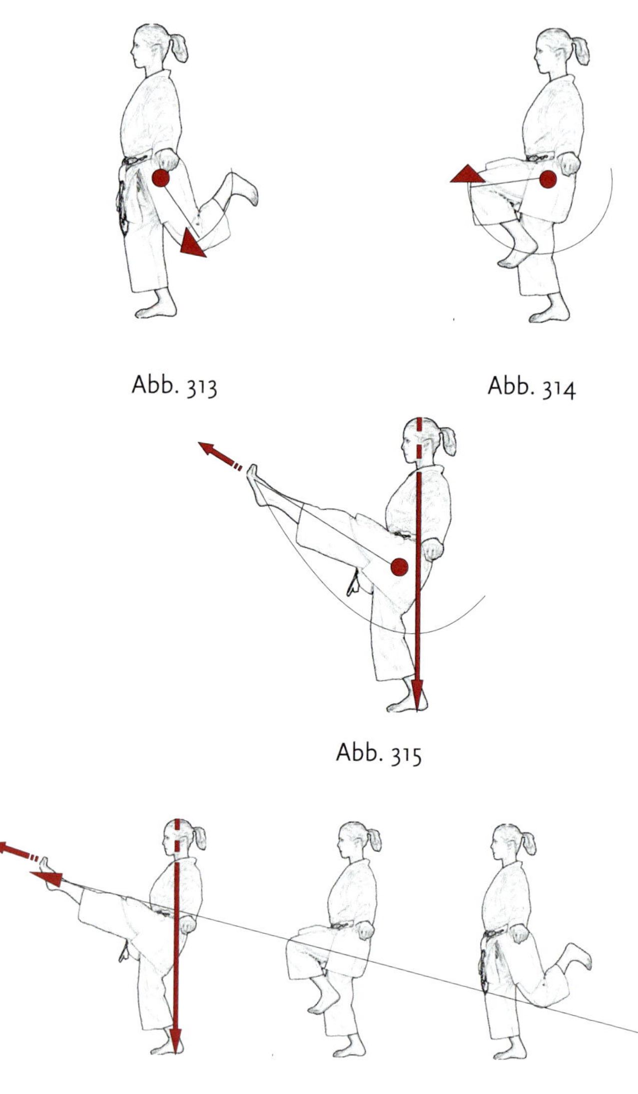

Abb. 313

Abb. 314

Abb. 315

Abb. 316

Geschnappter Tritt: *mae-geri keage* 前蹴上げ

Bei einem geschnappten Tritt ist von vorn erst sehr spät zu erkennen, welche Technik ausgeführt wird. Dieser Überraschungseffekt ist besonders beim *kumite* 組手 nützlich.

Wie?

- Im *zenkutsu dachi* 前屈立ち stehen, Arme und Hände im *gedan-kamae* 下段構え.
- **Die Ferse des Trittbeins möglichst eng ans Gesäß ziehen**, ohne die Position des Oberkörpers zu verändern (Abb. 313).
- Mit gebeugtem Standbein und ruhigem Oberkörper das Trittbein eng nach vorn ziehen, nicht höher als auf Hüfthöhe (Abb. 314).
- Von dort nach vorn schnappen (Abb. 315) und dabei
- die Hüftgelenke auf beiden Seiten nach vorn oben drehen. Dabei schiebt sich das Becken vor (Verlauf in Abb. 316).

Wofür?

- Spätes Erkennen des Tritts
- Schnelle Hüftrotation nach vorn oben
- Flüssige Bewegung
- Effektivität des Tritts

Gestoßener Tritt: *mae-geri kekomi* 前蹴込み

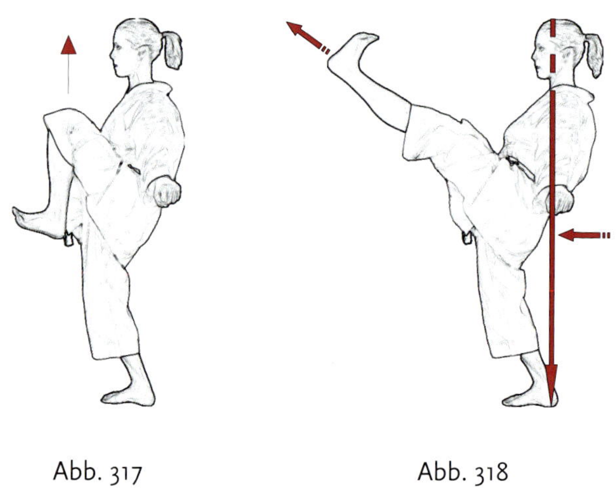

Abb. 317 Abb. 318

Test

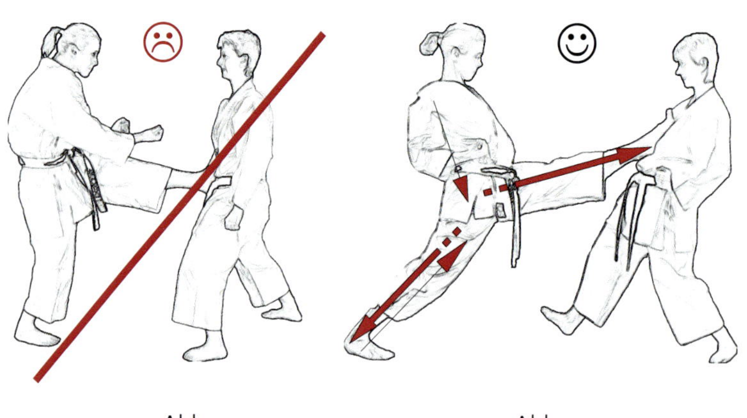

Abb. 319 Abb. 320

Gestoßener Tritt: *mae-geri kekomi* 前蹴込み

Bei einem gestoßenen Tritt wird das gesamte Körpergewicht mit eingesetzt und der Tritt ist sehr stark.

Wie?

- Im *zenkutsu dachi* 前屈立ち stehen, Hände und Arme im *gedan-kamae* 下段構え.
- Aus dem Standbein den Druck über die Hüfte nach vorn bringen, wie in der Vorübung im *nekoashi dachi* 猫足立ち geübt, **das Knie möglichst eng und möglichst auf Brusthöhe** hochziehen (Abb. 317).
- Mit Druck aus dem Standbein und Nach-vorn-oben-Stoßen **beider Hüften das Trittbein mit der Ferse voran nach vorn oben stoßen** (Abb. 318).

Wofür?

- Hohe Effektivität des Tritts
- Einsatz des Standbeins, der Hüftrotationen, der Rumpfmuskulatur, der Schulterblätter und des Oberkörpers
- Druck aus der Fußsohle

Test

angemessene Ausführung (Abb. 320):

- Druck aus dem Standbein
- Schulterblätter hinuntergezogen (korrektes *hikite* 引き手 unterstützt dies)
- Hüften vorgeschoben, wie in der Vorübung
- Streckung der Wirbelsäule bei Ausführung der Technik (Abb. 320)

Abschließende Worte

Zum Abschluss möchten wir einige Vorschläge für das Selbststudium geben. Diese sind unterteilt in drei Abschnitte:

- Der erste Abschnitt dient zur allgemeinen und/oder speziellen Vorbereitung.
- Der zweite Abschnitt, der Hauptteil, beinhaltet verschiedene Übungen aus sämtlichen Kapiteln.
- Der dritte Abschnitt soll die Übungsreihe zum Abschluss bringen und helfen, das Geübte zu verinnerlichen.

Für den Übergang von einer Übungsreihe zur Nächsten, welche andere Schwerpunkte hat, ist es ratsam, einen Moment innezuhalten, sich in den *seiza* 正座 zu setzen und einfach nur zu atmen. Dies ermöglicht die Übungen zu verarbeiten und zu verfestigen.

Die einzige Ausnahme bildet die Übungsreihe für 5 Minuten. In dieser geht es darum, sich in kürzester Zeit, eben in 5 Minuten, fit zu machen und mit frischen Kräften seiner Tätigkeit wieder nachgehen zu können.

Das erste Gebot:
Gründliche Vorbereitungen sind A und O des Erfolges.

Sun Tsu

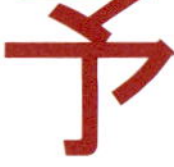

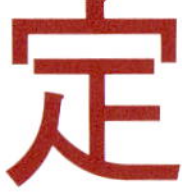

yotei

Vorherbestimmung, Plan, Programm, Vorhaben, Absicht, Voraussicht, Erwartung

Übungen für 5 Minuten

Viele fragen sich: „Was kann ich schon in 5 Minuten erreichen?“

Eine ganze Menge!

Es gibt viele Übungen, deren entspannender, energiegebender oder aufladender Effekt sich bereits nach 5 Minuten zeigt. Hier zählt nicht die Quantität, sondern die Qualität einer Übung. Die folgenden Übungen harmonisieren Körper und Geist, machen zugleich wacher und erhöhen die Fähigkeit, schnell auf neue Situationen zu reagieren. Diese Steigerung des Reaktionsvermögens zeigt sich nicht nur im Rahmen einer Kampfkunst oder einer sportlichen Tätigkeit, sondern auch in anderen Situationen des alltäglichen Lebens, in denen schnelles Reagieren gefragt ist.

In Situationen, in denen wir hohem emotionalem Stress ausgesetzt sind, wirken die hier vorgeschlagenen Übungen harmonisierend und beruhigend auf das vegetative Nervensystem. Wenn wir eine Übung für uns gefunden haben, mit der wir uns schnell entspannen und lösen können, ermöglichen wir es unserem Körper, auch unbewusst dem Stress mit Gelassenheit zu begegnen. Körperliche Folgen durch immer wiederkehrenden Stress, wie chronische Rückenschmerzen, Migräne, Burn-out und anderes mehr, können gelindert werden.

Übungen für 5 Minuten

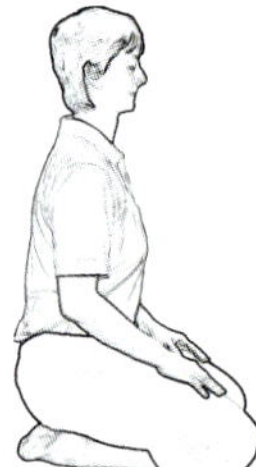

Atemübung
Ki-Aikido

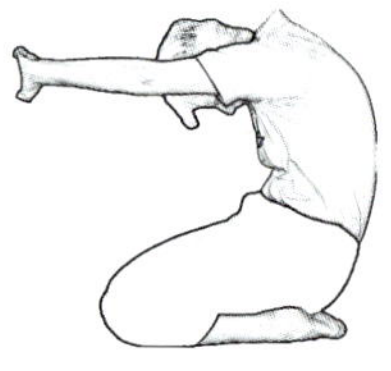

Positive
Aktivierung

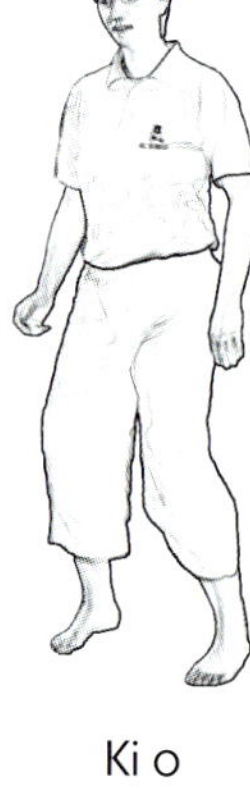

Ki 0

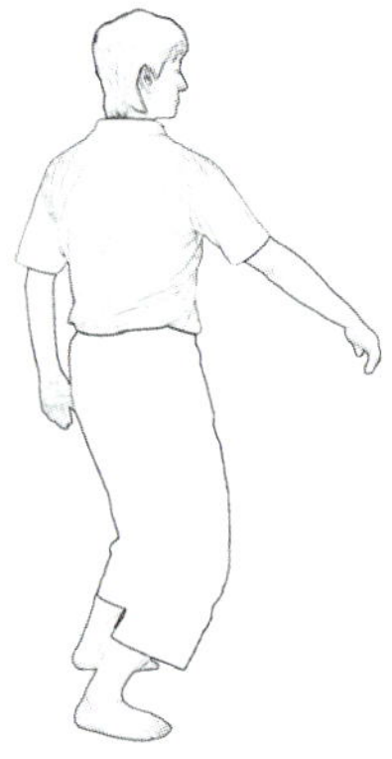

Ki 8

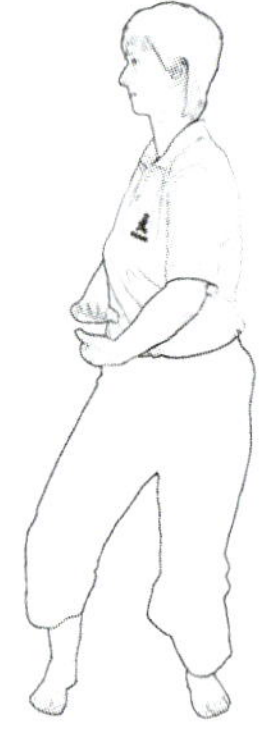

Ki 11

Übungen für 5 Minuten

Bitte wählen Sie eine der folgenden Übung aus.

- Atemübung Ki-Aikidô (S. 44)
- Positive Aktivierung (S. 48)
- Ki 0: *yurashi-yuru* 揺緩 (S. 64)
- Ki 8: *kansetsu-yuru* 間接緩 (S. 86)
- Ki 11: *yôshun* 陽春 (S. 90)

Übungen für 30 Minuten

Geübte, welche schon längere Erfahrung mit dem Ki-Training haben, können in 30 Minuten gut ein bis zwei vorbereitende Übungen und alle 12 Ki-Übungen des ersten Teils durcharbeiten. Für Anfänger/innen können bereits die vorbereitenden Übungen eine halbe Stunde in Anspruch nehmen. Wie bei so vielem, ist eine gute Vorbereitung wichtig. Arbeiten Sie lieber die vorbereitenden Übungen gründlich durch und nehmen Sie sich erst dann eine oder zwei Ki-Übungen vor. Diese Ki-Übung sollte dann intensiv geübt werden, das heißt, mit einer hohen Wiederholungszahl und großer Aufmerksamkeit auf korrekte Ausführung. Je Ki-Übung empfiehlt sich eine Mindestzeit von zehn bis fünfzehn Minuten einzuplanen. Eine hohe Wiederholungszahl ist besonders wichtig, wenn an einem bestimmten Schwerpunkt gearbeitet wird.

Im Folgenden sind vier Schwerpunkte aufgeführt, die bei der Auswahl von Übungen helfen sollen:

- Füße und Fußgelenke
- Schulter und Brustkorb
- Körper und Geist ausrichten
- *Ki* 氣 spüren

Wählen Sie bitte aus den aufgeführten Schwerpunkten einen aus!

Füße und Fußgelenke

Das Fußskelett besteht aus insgesamt **28 Knochen**. Die Fußknochen gliedern sich in Fußwurzelknochen, Mittelfußknochen und Zehenglieder. **20 Muskeln** und über **114 Sehnen und Bänder** sorgen für die nötige Beweglichkeit und Stabilität der Knochen zueinander. Ein feines Geflecht von Nerven und Blutgefäßen versorgt die oberflächlichen und die tief liegenden Muskeln ober- und unterhalb des Fußes.

Unsere Körperhaltung hängt wesentlich von der Stellung unserer Füße ab. Die Füße sind ein wichtiges Glied in der Kette der aufeinander folgenden Gelenke unseres Skeletts. Kopf- und Rückenschmerzen sind häufig das Resultat eines unangemessenen Standes. Der Stand einer Person ist abhängig vom Einsatz der Fußsohlen und der Füße, von der Ausrichtung der Sprung-, Knie- und Hüftgelenke und der gesamten Aufrichtung bis zur Halswirbelsäule.

Am Fuß gibt es Reflexzonen, die mit entfernten Körperteilen oder Organen verbunden sind: die Fußreflexzonen. Bei der Fußreflexzonenmassage werden die korrespondierenden Zonen an den Füssen behandelt. Beim ursprünglichen Barfußgehen wurden diese Reflexzonen automatisch durch die Unebenheiten des Untergrunds massiert. Erst seit der Mensch fast ständig Schuhe trägt, werden diese Zonen sträflich vernachlässigt. Durch die Massage der Reflexzonen am Fuß werden die entsprechende Organe wieder besser durchblutet.

Für Kampfkünstler/innen bieten die vielen Knochen, Muskeln, Sehnen und Bänder der Füße vielfältige Trainingsmöglichkeiten. Über den Einsatz der Füße und ihre Verbundenheit mit der Erde lassen sich Bewegungen präzise steuern und ausrichten. Techniken werden durch die Füße „standfest“. Das „Auftreten“ beeinflusst ihre Effektivität.

Schwerpunkt Füße und Fußgelenke

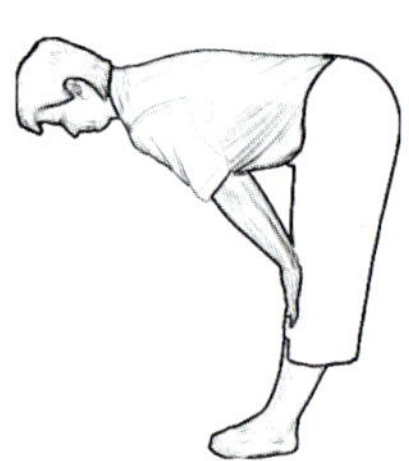

Knie erwärmen

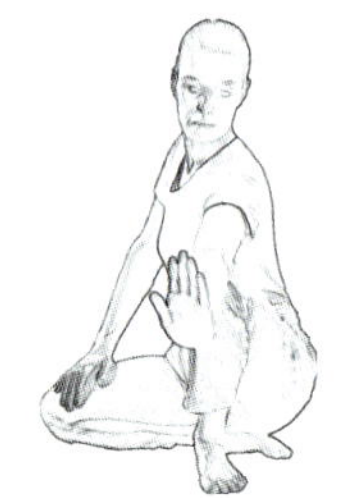

Sprunggelenke dehnen

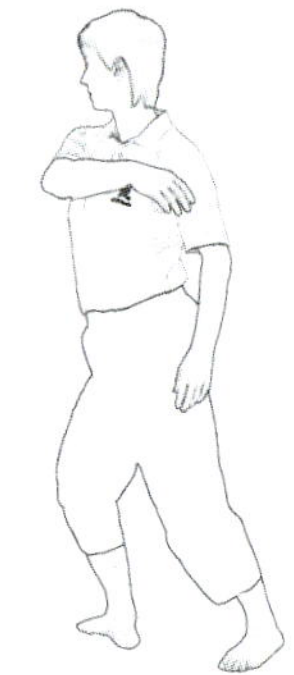

Ki 2 a

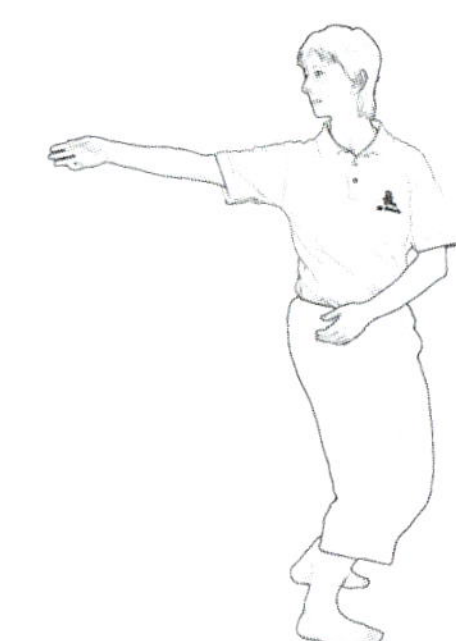

Ki 10

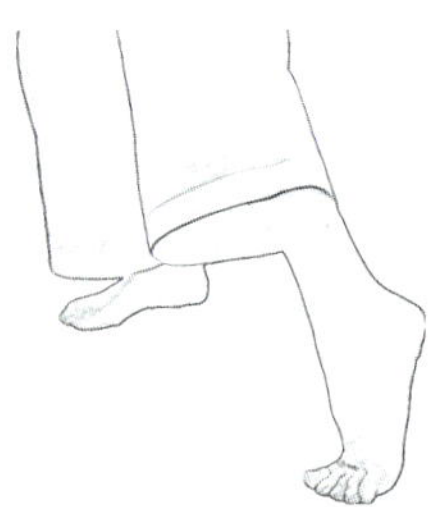

Ki-Karate

Ki-Karate

Schwerpunkt Füße und Fußgelenke

Bitte führen Sie die folgenden Übungen nacheinander aus. Sie sollten insgesamt ca. 30 Minuten dafür benötigen.

1. Vorbereitung

- Knie erwärmen (S. 32)
- Sprunggelenke dehnen (S. 56)

2. Hauptteil

- Ki 2a: Vorübung für *uraken uchi* 裏拳打 (S. 72)
- Ki 10: *kôhô-kakki* 後方活氣 (S. 90)
- Ki-Karate
  Vorübung: Eindrehen der Beinmuskulatur ab Fußsohle (S. 150)
- Ki-Karate
  gyakuzuki 逆突き im *zenkutsu dachi* 前屈立ち (S. 152)

3. Abschluss

- Atemübung Ki-Aikidô 10-15 Mal, mindestens jedoch 5 Minuten.

Der wissenschaftlichen Betrachtung
dient theoretisches Wissen durchaus.
Für uns bleibt Wissen
über noch so viele Wege zur Gesundheit
jedoch rein intellektuell und ohne Konsequenz,
wenn wir es nicht in die Praxis umsetzen.

Shizuto Masunaga

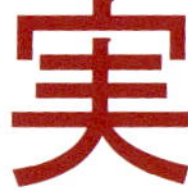

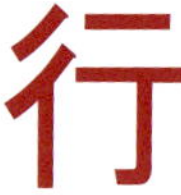

jikkô

Durchführung, Ausübung, Praktik, Realisierung, Erfüllung

Schulter und Brustkorb

Das Schultergelenk ist das beweglichste Gelenk, das wir besitzen. Umgangssprachlich wird der Bereich, welcher das Schultergelenk, den Schultergürtel und das Schulterblatt umfasst, vereinfachend als **Schulter** bezeichnet. Große Muskelgruppen, wie der M. Latissimus dorsi und der M. Trapezius, bewegen das Schulterblatt. Das Schultergelenk und den Schultergürtel bewegen und stabilisieren viele weitere Muskeln und Bänder, die zum Rumpf gezählt werden.

Brustkorbbewegungen entstehen aus einer Vielzahl von Einzelbewegungen. Dass sich der Brustkorb überhaupt bewegt, liegt an der Beweglichkeit in den Rippenwirbelgelenken, also an den Gelenken zwischen den Brustwirbeln und den Rippen, an der Beweglichkeit der Brustwirbelsäule und an der Elastizität der Rippenknorpel. Rippenknorpel sind die Verbindungsbrücken aus Knorpel, die zwischen Brustbein und Rippenknochen bestehen. Diese Knorpel können und werden bei Brustbewegungen auch verdreht.

Die Beweglichkeit des Brustkorbes zu trainieren, ist besonders wichtig, da sie schnell, das heißt, bereits in jungen Jahren, durch Kalkablagerungen in den Knorpeln und Gelenken nachlassen kann. Die Muskulatur, die solche Bewegungen antreibt, liegt nur zwischen den einzelnen Rippen und zwischen den Halswirbeln und den oberen zwei Rippen.

Bei den von uns vorgestellten Übungen werden viele verschiedene Muskelgruppen des Oberkörpers eingesetzt. Geübt werden so das Zusammenspiel verschiedener Muskeln und die sich daraus ergebenden vielfältigen Gelenkstellungen. Um eine koordinative Vielfalt an Bewegungen in diesen Bereichen zu erlangen und zu erhalten, muss das Gewebe, welche die genannten Muskeln und Knochen umgibt, elastisch und beweglich bleiben. Dies ist nur mit regelmäßiger Übung möglich.

Schwerpunkt Schulter und Brustkorb

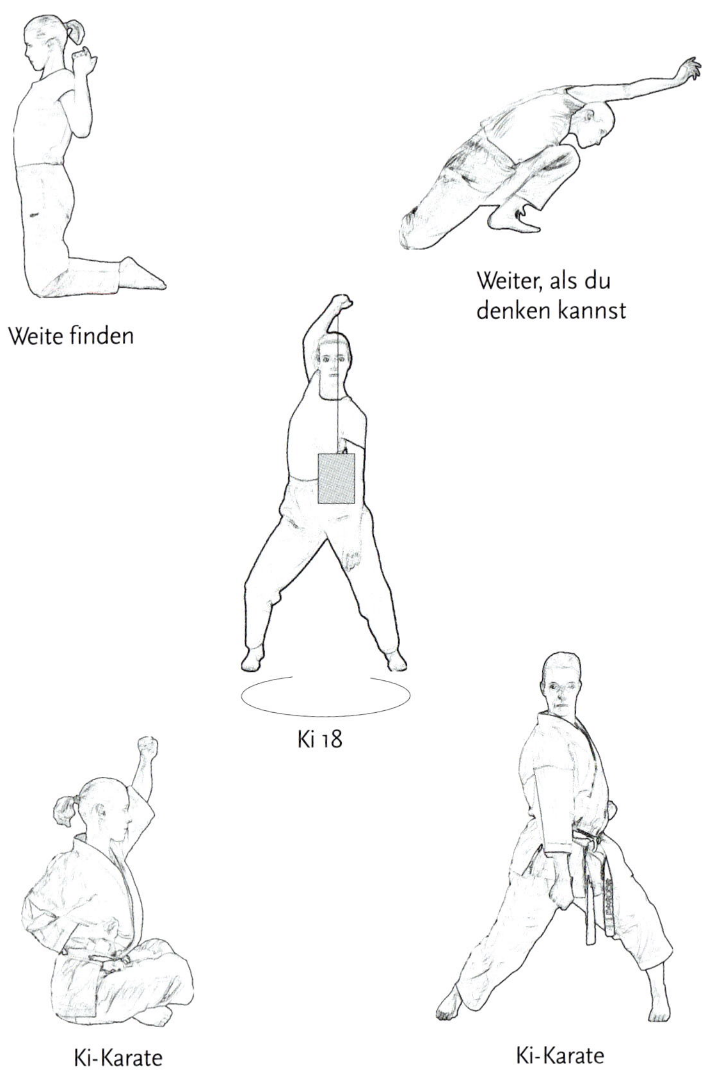

Weite finden

Weiter, als du denken kannst

Ki 18

Ki-Karate

Ki-Karate

Schwerpunkt Schulter und Brustkorb

Bitte führen Sie die folgenden Übungen nacheinander aus. Sie sollten insgesamt ca. 30 Minuten dafür benötigen.

1. Vorbereitung

- Weite finden (S. 52)
- Weiter, als du denken kannst (S. 54)

2. Hauptteil

- Ki 18: *idomizukumi* 井戸水汲 – Wasser aus dem Brunnen schöpfen (S. 104)
- Ki-Karate
  Vorübung für *jôdan age uke* 上段上げ受け (S. 140)
- Ki-Karate
  Vorübung: Fallenlassen von Körper und Faust (S. 148)

3. Abschluss

- Auf dem Rücken liegend, Hände auf dem Unterbauch und den Atem über die Fußsohlen hinauf zur Spitze des Kopfes fließen lassen. Dann in den Unterbauch hinunterführen und aus den Fußsohlen wieder ausatmen (min. 5 Mal).

Ein Lebewesen existiert als Ganzes,
nicht als Summe von Teilen.

Shizuto Masunaga

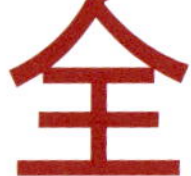

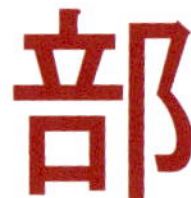

zenbu

Gesamtheit, das Ganze, alle, alles

Körper und Geist ausrichten

Mind moves Body – der Geist bewegt den Körper

Der Geist ist der Schlüssel, um unsere Zellen zu bewegen und damit unseren Körper auszurichten. „Geist" bedeutet hier mehr als bloßes „Denken". Der Begriff beinhaltet **Wahrnehmung mit allen Sinnen**. Es geht um einen weiten, umfassenden Begriff von Geist als „Fühlen und Denken".

Bevor wir unseren Körper oder auch eine Technik in eine bestimmte Form ausrichten können, müssen wir unsere Umgebung und uns selbst wahrnehmen. Wie wir die Umwelt wahrnehmen, ist auch abhängig von unseren individuellen Erfahrungen und Gewohnheiten. Unsere daraus folgenden geistigen Haltungen zeigen sich in unseren individuellen körperlichen Haltungen. Dies geschieht unbewusst jeden Tag. Wir können jedoch auch bewusst eingreifen, unsere geistigen Haltungen ändern und so auch Veränderungen unserer körperlichen Haltungen erwirken.

Body moves Mind – der Körper bewegt den Geist

Es gilt jedoch auch anders herum: Unsere körperlichen Haltungen beeinflussen unsere geistigen Haltungen. Ändern wir unsere körperlichen Haltungen, können wir Änderungen unserer geistigen Haltungen erreichen.

Wenn die körperlichen und geistigen Haltungen, die wir uns angewöhnt haben, nicht vorteilhaft für unser Leben, unsere Gesundheit oder unsere Karate-Techniken sind, sollten wir uns andere Gewohnheiten aneignen. Diese sollten darauf ausgerichtet sein, Geist und Körper effektiv einzusetzen und unsere Ressourcen sinnvoll zu nutzen.

Schwerpunkt Körper und Geist ausrichten

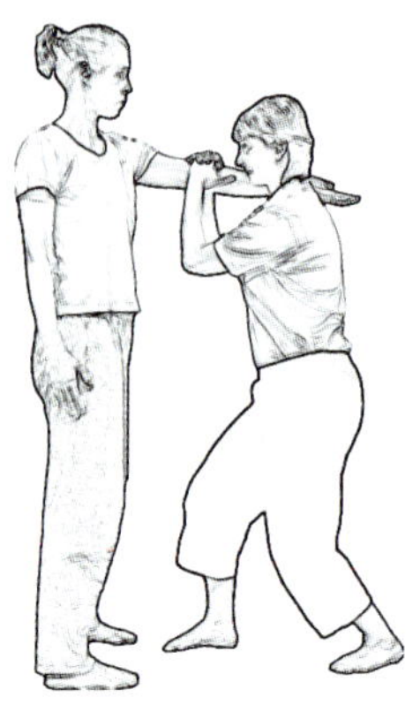

Unbeugbarer Arm

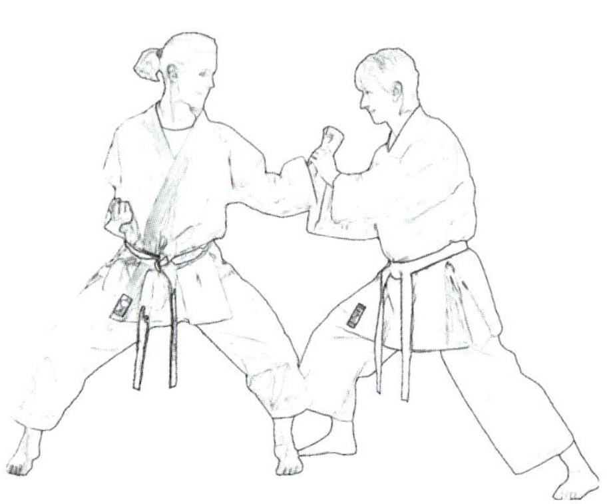

Ki-Karate

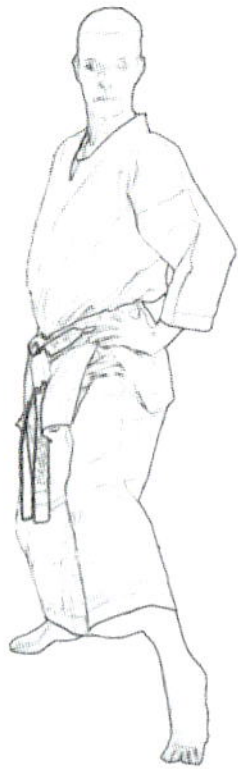

Ki-Karate

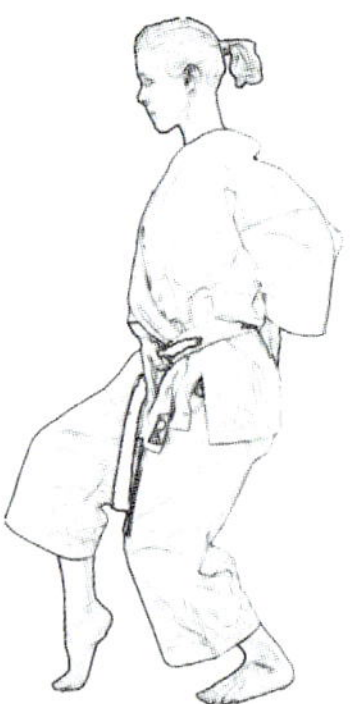

Ki-Karate

Schwerpunkt Körper und Geist ausrichten

Bitte führen Sie die folgenden Übungen nacheinander aus. Sie sollten insgesamt ca. 30 Minuten dafür benötigen.

1. Vorbereitung

- Unbeugbarer Arm (S. 50)

2. Hauptteil

- Ki-Karate
  Abwehr zur Seite: *uchi uke* 内受け
  Test (S. 142)

- Ki-Karate
  Vorübung: Eindrehen der Beinmuskulatur ab der Fußsohle (S. 150)

- Ki-Karate
  Fußtritt nach vorn: *mae-geri* 前蹴り
  Vorübungen (S. 154)

3. Abschluss

- Ki o: *yurashi-yuru* 揺緩 – gesamten Körper schüttelnd lösen (S. 64)

Innen oder Außen, gibt es einen Unterschied?

Tanja Mayer

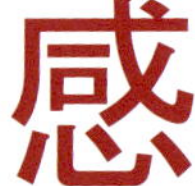

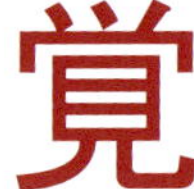

kankaku

Sinn, Sinneswahrnehmung, Gefühl, Empfindung

Ki 氣 spüren

Gelöst einatmen und ausatmen, den Boden unter den Füßen spüren, wahrnehmen, was um mich herum passiert, die eigene Absicht nicht aus den Augen verlieren – dieses alles kann als „*ki* 氣 spüren" bezeichnet werden.

Ki 氣 lässt sich mit vielen Worten und Vergleichen ausdrücken. Doch verbirgt sich dahinter meist ein Gefühl, welches aus unserer Wahrnehmung der Umgebung und aus den Erfahrungen, die wir gemacht haben, resultiert.

Hinter dem Spüren von *ki* 氣 steckt jedoch noch etwas anderes. Das *ki* 氣 ist eine unverfälschte, universelle, reine Schwingung, die wir wahrnehmen können. Wir spüren diese als etwas Positives, welches sich jedoch nicht in eine bestimmte Gefühlskategorie einordnen lässt. Allenfalls fühlen wir eine Form der Freiheit, die uns auf verschiedene Situationen spontan reagieren lässt.

Das mag kompliziert klingen, doch letztlich ist diese Art von Situationseinordnung etwas, was wir alle ständig innerhalb von Bruchteilen von Sekunden machen und machen müssen, um handlungsfähig zu sein.

Wir können uns dieser Abläufe bewusst werden, indem wir in uns hineinspüren und aufmerksam beobachten, was geschieht. Die Aufmerksamkeit auf solche Vorgänge können wir mit bestimmten Übungen schulen. Die in diesem Buch vorgestellten Übungen helfen, nicht nur das eigene *ki* 氣 und das uns umgebende *ki* 氣 wahrzunehmen, sondern auch, mit dem *ki* 氣 zu arbeiten und es für unsere jeweilige Absicht zu nutzen.

Schwerpunkt *ki* 氣 spüren

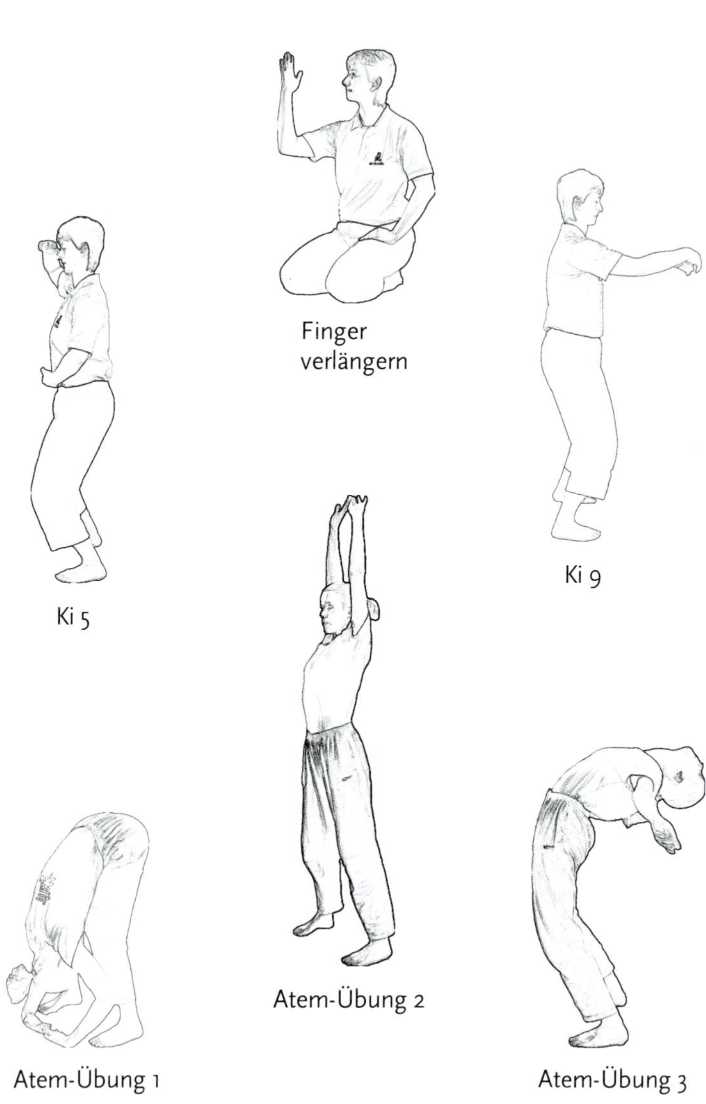

Finger verlängern

Ki 5

Ki 9

Atem-Übung 2

Atem-Übung 1

Atem-Übung 3

Schwerpunkt *ki* 氣 spüren

Bitte führen Sie die folgenden Übungen nacheinander aus. Sie sollten insgesamt ca. 30 Minuten dafür benötigen.

1. Vorbereitung

- Finger verlängern (S. 46)

2. Hauptteil

- Ki 5: *nobi-yuru* 伸緩 – streckend den Körper lösen (S. 80)
- Ki 9: *ki-sô* 氣操 – *ki* 氣 steuern (S. 88)
- Atem-Übung: *kokyû hô* 呼吸法
  Atem-Übung 1 (S. 108)
- Atem-Übung: *kokyû hô* 呼吸法
  Atem-Übung 2 (S. 110)
- Atem-Übung: *kokyû hô* 呼吸法
  Atem-Übung 3 (S. 112)

3. Abschluss

- Ki 0: *yurashi-yuru* 揺緩 – gesamten Körper schüttelnd lösen (S. 64)

Für den Weg

Die in diesem Übungsbuch dargestellten Ki-Übungen sind Teil eines großartigen Systems, welches sich nahtlos an viele andere Systeme anreiht, die sich mit energetischen Übungen beschäftigen. Einige der Übungen mögen den Leserinnen und Lesern bekannt sein. Wir selbst haben entdeckt, dass wir in vielen anderen Systemen – Taiji, Qigong, Yoga, Ki-Aikidô, Alexander-Technik, Shiatsu und anderen mehr – Ähnlichkeiten gefunden haben. Vielleicht gibt es tatsächlich so etwas wie „grundlegende Bewegungsübungen", die die Basis für vieles andere sind.

Vielleicht gibt es für jede Person ein System, welches zu ihr passt, das stimmig ist und sich gut anfühlt. Das von uns hier vorgestellte System ist nicht das Einzige und auch nicht der einzige Weg zum Glück. Es ist ein System, welches uns sehr beeindruckt hat und uns vieles gelehrt hat und noch immer lehrt.

Worte von Tanja Mayer

If you always do what you always did,
you will always get what you always got.

Unbekannter Verfasser

Für mich hat der athletische Aspekt in der von mir praktizierten Kampfkunst mit der Zeit immer mehr nachgelassen. Durch das System der Ki-Übungen habe ich eine Art des Trainings entdeckt, welches mir ein Gefühl von ganzheitlichem Karate gibt. Das Schöne an einem ganzheitlichen Training ist, dass es alle Aspekte anspricht. So fühle ich mich auch körperlich stärker als in der Vergangenheit, obwohl ich weniger athletisch trainiere.

Die Schlüsselübungen sind meiner Meinung nach die Ki-Übungen, welche sich vor allem mit der Atmung und der Vorstellungskraft beschäftigen. In ihnen sehe ich das größte Potenzial, um eine Einheit unseres „Ichs“ mit der Natur und dem Universum zu bilden. Ich glaube, wenn es uns gelingt, uns reine, unverfälschte Bilder im Geist zu erschaffen, können wir Menschen für uns selbst und für die Welt vieles bewirken.

Ich denke, es lohnt sich, ihnen große Aufmerksamkeit zu schenken und sie in unser tägliches Leben einzubinden.

Demnach wünsche ich mir, dass dieses Buch der einen oder anderen Person Impulse gibt und Veränderungen vorantreibt.

Viel Freude und Eifer beim Trainieren
wünscht Ihnen und Euch
Tanja Mayer

Worte von Petra Schmidt

Nach einem Vortrag sagte einmal ein Zuhörer zu Albert Einstein: „Nach meinem gesunden Menschenverstand kann es nur das geben, was man sehen und überprüfen kann!“

Einstein lächelte und antwortete:
„Dann kommen Sie doch bitte mal nach vorne und legen Sie Ihren gesunden Menschenverstand hier auf den Tisch.“

Unbekannter Verfasser

In letzter Zeit mache ich morgens die Meridian-Dehn-Übungen, die der Begründer des Zen-Shiatsu, Shizuto Masunaga, entwickelt hat. Zudem habe ich momentan die Laut-Übungen von Song T. Park, der Kiai Jitsu weitergibt, in meine morgendliche Übungsstunde eingebaut. Auch die Fächer-Formen des Taiji faszinieren mich immer mehr.

Diese Liste könnte ich jetzt noch ziemlich lange weiterführen. Es gibt viele Übungen oder Aspekte von Übungen, welche mich so sehr beeindrucken, dass ich diese dann jahrelang in meine „Morgengymnastik“ einbaue.

Seit 1998 bin ich den Ki-Übungen, die in diesem Buch beschrieben werden, treu. Egal, ob es mir gut geht oder nicht, ich mich fit und fröhlich oder krank und schlapp fühle, ich stelle mich brav hin, strecke und recke mich, kreise meine Knie und mobilisiere meine Hüftgelenke, bis ich das Gefühl habe, einigermaßen bei mir zu sein, und beginne mit der ersten Ki-Übung. Mich haben diese Übungen in den letzten zwölf Jahren verändert. Ich bin größer geworden, da meine Wirbelsäule sich gestreckt hat. Ich bin körperlich und geistig beweglicher und ausgeglichener, als ich es vorher war. Ich bin gesünder und fühle mich stärker.

In den letzten Jahren bin ich immer neugieriger geworden auf die „großen Geheimnisse der Kampfkünste“, was immer das sein soll. Wie machen es bloß diese alten Kampfkunst-Meister, dass sie mit fortschreitendem Alter besser werden – statt, wie die meisten älteren Menschen, Flexibilität und Effektivität zu verlieren? Gesund zu bleiben, ist auf alle Fälle eine wichtige Voraussetzung, und so denke ich, dass mein Weg ganz in Ordnung ist. Solange ich mich gesünder, beweglicher und ausgeglichener fühle, ist die Richtung schon ganz gut.

Ich würde mich sehr freuen, wenn ich der einen oder dem anderen mit diesem Buch den kleinen Schubs geben kann, der manchmal nötig ist, um sich endlich regelmäßig Zeit für diese Ki-Übungen zu nehmen.

Ganz viel Freude beim Üben,
wünscht Ihnen und Euch
Petra Schmidt

Die Effektivität muss in einer einzigen Bewegung liegen.
Wer die Körperhaltung nicht begreift,
wird auch mit zehn Bewegungen ineffizient sein.

Qi Jiguang

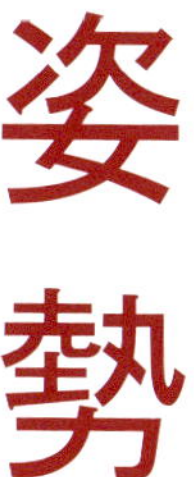

shisei

Körperhaltung, Körperstellung, Kampfstellung, Pose, Positur

Glossar

Japanisch Umschrift	Japanisch kanji	Deutsch
(jôdan) age-uke	上段上げ受け	Abwehr von unten nach oben
ago-oshi	顎押し	Wörtlich: Kinn drücken
aikidô	合氣道	Weg der Harmonie des *ki* 氣; Weg um zur Einheit mit dem Universum zu gelangen
ashi-age	足上げ	Fuß anheben bei einer stehenden Person
ashikubimochi	足首持ち	Sprunggelenk festhalten bei einer gehenden Person
byôki	病氣	Krankheit, wörtlich: krankes Ki (durch falsche Atmung)
bô	棒	Langstock
chikakuhô	知覚法	Methode der Wahrnehmung; Vorübung oder Partnerübung für → *dôki* 導氣
chokuzuki	直突き	Gerader Fauststoß → *tsuki* 突き
chû	中	Zentrum, Mitte
chûdan	中段	*Chû* 中 – Mitte, *dan* 段 – Stufe: mittlere Stufe
dô	道	Weg, Lehre, Methode
dôjô	道場	*Dô* 道 – Weg, 場 *jô* – Ort des Weges, Trainingsraum → *dojôkun* 道場訓

dôjôkun	道場訓	Verhaltensregeln im → *dôjô* 道場 bzw. innerhalb der Übungsgemeinschaft
dôki	導氣	Führen, Leiten, Aktivieren und Ausgleichen von ki 氣, Energie miteinander ausgleichen
gasshuku	合宿	Wörtlich: Gemeinsam wohnen, gemeinsam schwitzen; Trainieren und Zusammenleben; Intensiv-(Sommer-)Lehrgang von circa einer Woche
gedan	下段	Untere Stufe
gedan barai	下段払い	Fegeblock zur unteren Stufe
gedan kamae	下段構え	Haltung in Bereitschaft zur unteren Stufe
genki	元氣	Gesundheit
o genki desu ku	元氣ですか	Wie geht es Ihnen?
gyaku zuki	逆突	Gegenseiten-Fauststoß
gyôga	仰臥	Mit dem Gesicht nach oben liegend
hara	腹	Bauch, Unterleib
heian shodan	平安初段	Anfänger- → *kata* 形 aus der Serie der *heian* 平安-Formen
heikô dachi	平行立ち	Schulterbreit stehen, Füße parallel
hikite	引き手	Zurückziehende Hand
hiza age	膝上げ	Knie anheben
hokô	歩行	Gehen, der Gang

hon shitsu	本質	Wörtlich: Wahrhaftige Qualität in sich; Essenz; Wesentliches
honbu dôjô	本部道場	Zentral- → *dôjô* 道場
i	意	Absicht
iaidô	居合道	*I* 居 – sein, *ai* 合 – Harmonie, *dô* 道 – Weg: Weg der Harmonie des Seins; bezeichnet den „Weg des Schwertziehens“
ichi	一	Eins, 1
iji	意地	*I* 意 – Absicht, *ji* – 地 geerdet: geerdete Absichten; fester Wille
iki	生き	Leben
iki	息	Atmen
imi	意味	*I* 意 – Absicht, *mi* 味 – geben: Was beabsichtigst du zu sagen? Sinn; Bedeutung
jikkô	実行	Durchführung, Ausübung, Praktik, Realisierung, Erfüllung
jinkaku	人格	Persönlichkeit; der Begriff taucht im → *dôjôkun* 道場訓, den → *dôjô*-Regeln häufig auf
jôdan	上段	Obere Stufe; bezeichnet in der Kampfkunst Hals- und Kopfbereich
jûnan kinseihô	柔軟均整法	Flexibilitäts- und Elastizitäts-Übungen
kanji	漢字	Chinesische Schriftzeichen, von Japan übernommen

kankaku	感覚	Sinn, Sinneswahrnehmung, Gefühl, Empfindung
karada	体	Körper; jap. Lesart für das Schriftzeichen 体, wenn es für sich allein steht; → *tai* 体
karada mae oshi	体前押し	Von vorne gegen einen (zweiten) Körper drücken
karate-dô	空手道	*Kara* – leer, *te* – Hand, *dô* – Weg: Weg der leeren Hand; Waffenlose Kampfkunst okinawanischen Ursprungs
kata	形	Form; Übungskomplexe in den Kampfkünsten, die bestimmte Abwehr- und Angriffstechniken in einer festgelegten Reihenfolge beinhalten
kata yoko oshi	肩横押し	Seitlicher Druck gegen die Schulter einer (zweiten) Person
keiko	稽古	Körper-Geist-Schulung; bezeichnet innere Übungshaltung in traditionellen japanischen Wegkünsten in Abgrenzung zur Wissensaneignung durch Wiederholung und „normalem“ Training → *toreiningu* トレーニソグ
kendô	剣道	*Ken* 剣 – Schwert, *dô* 道 – Weg: Weg des Schwertes, Kampfkunst mit dem Schwert

ki	氣	Lebensenergie; Neurophysiologische Hilfsdefinition nach Johannes Greten: Neurovegetative Arbeitsbereitschaft eines Gewebes oder Organs, die sich sensorisch als Druck-, Zug-, oder Fließgefühl äußern kann; nach Osamu Aoki auch: Wahrnehmung, Aufmerksamkeit, Ausstrahlung
kiba dachi	騎馬立ち	Reiterstellung, doppelt schulterbreit stehen, Füße parallel
kibun ga yoi	氣分が良い。	Wörtlich: Gute Laune haben, mir geht es gut
kihon	基本	Training der Grundlagen in den Kampfkünsten
ki-karate	氣 空手	Waffenlose Kampfkunst mit → *ki* 氣
kime	極め	Korrekter physischer und psychischer Abschluss einer Karate-Technik
kokoro	心	Herz, Seele, Psyche, Gemüt, Geist, Charakter; nicht primär anatomisch; keine Trennung zwischen Gedanken und Gefühlen, → *shin* 心
kôkutsu dachi	後屈立ち	Karate-Stand: Gewicht auf dem hinteren Bein
kokyû hô	呼吸法	Atem-Methode
kumite	組手	„Vermischen der Hände"; Kampftraining mit Partner/in

kung fu	功夫	*Kung* 功 – Arbeit, Entwicklung, *fu* 夫 – vollständig, weise: vollständige Entwicklung, Meisterschaft; Bezeichnung für chinesische Kampfkünste
kyûdô	弓道	*Kyû* 弓 – Bogen, *dô* 道 – Weg: Weg des Bogens, Kampfkunst des Bogenschießens
mae	前	Vorne
mae geri	前蹴り	Fußtritt nach vorn
mae oshi	前押し	Vorne drücken
mawashi geri	回し蹴り	Halbkreisförmiger Fußtritt
men'eki chôsei undô	免疫調整運動	Übungen zur Regulierung des Immunsystems
mune oshi	胸押し	Auf die Brust drücken
nekoashi dachi	猫足立ち	Katzenfußstellung
ni	二	Zwei, 2
nyûsei	入静	Psychische und physische Vorbereitung
oizuki	追突	Gleichseitiger Faustst0ß, → *tsuki* 突き
randori	乱取り	Wörtlich: Kampfspiel
samuke	寒氣	*Samu* 寒 – Kälte, *ke* 氣 – Wahrnehmung: Das Gefühl von Kälte
samuke ga suru	寒氣がする。	Freie Übersetzung: Mir ist kalt

san	三	Drei, 3
sanchin dachi	三戦立ち	Dreifußstellung
sei	正	Korrekt
seichûsen	正中線	*Sei* 正 – korrekt, *chû* 中 – Zentrum, *sen* 線 – Linie: Linie der Erdanziehungskraft, aufrecht stehend läuft sie von unserem Scheitelpunkt durch unsere Mitte bis in den Erdmittelpunkt; Lot
seiza	正座	*Sei* 正 – korrekt, *za* 座 – sitzen: korrekter Sitz; auf den Knien sitzen, die Gesäßknochen ruhen auf den Fersen
sen	線	Linie
sensei	先生	*Sen* 先 – vorher, *sei* 生 – Geburt, leben: länger gelebt, früher geboren; Lehrer/in
shihan	師範	Großmeister, Titel ab 7. Dan
shisei	姿勢	Körperhaltung, Körperstellung, Kampfstellung, Pose, Positur
shin	心	Herz; andere Lesart → *kokoro* 心
shinshin	心身	Geist und Körper
shintai	身体	Physischer Körper
shizentai	自然体	Wörtlich: natürlicher Körper, natürliche Haltung; im Karate: Aufrechtes Stehen mit schulterbreit geöffneten Beinen

shômen oshi	正面押し	Wörtlich: Gegen die Vorderseite drücken
shuseki shihan	首席師範	Ranghöchster Großmeister innerhalb eines Stils oder einer Schule
shutô uke	手刀受	Schwerthand-Block
soto uke	外受け	Abwehr von außen nach innen
surechigai hokô	すれちがい歩行	Schulter gegen Schulter von ebenfalls gehender Person prallen lassen
tachi shisei	立姿勢	Stehende Position
tai	体	Wörtlich: Ausdruck, Form, Gestalt, Gestaltwerdung; Körper; Lesart für das Schriftzeichen 体, z. B. → *shintai* 身体
t'ai-chi / taiji	太極	Die großen Gegensätze, *tai* 太 – sehr groß, *ji* 極 – Berggipfel; Achse; altchin. auch: Polarstern
taisô	体操	Wörtlich: Körperliche Übungen, Gymnastik
taiki	体氣	Wörtlich: *Ki* 氣 steht *ki* 氣 gegenüber; *ki* 氣 gegen *ki* 氣, Gestaltwerdung von *ki* 氣
taikyo	太虛	Leere, Leerer Raum, Himmel, Ursprung von ki 氣
tanden	丹田	Punkt, der zwei bis drei Fingerbreit unter dem Bauchnabel liegt; körperlicher Schwerpunkt, Zentrum körperlicher und psychischer Kraft

teiki atsu	低氣圧	Wörtlich: Atmosphärischer Tiefdruck
tômei na chikara	透明な力	Die transparente / unsichtbare Kraft
toreiningu	トレーニソグ	Das englische Wort „training" wird im Japanischen z. B. für Fitness-Training benutzt: *kin ryoku toreiningu*
tsuki	突き	Fauststoß
uchi uke	内受け	Abwehr von innen nach außen
ude age	腕上げ	Arm anheben
ude waza	腕技	Angriffstechniken
uke waza	受け技	Abwehrtechniken
uraken uchi	裏拳打	Halbkreisförmiger Schlag mit dem Handrücken
yang	阳	Männliches Prinzip. *Yin* und *yang*: Begriffspaar aus dem Daoismus; Gegensatzpaar: „geben und nehmen"; relative Gegensätze, die unterschiedlich wirken und doch zusammengehören
yin	阴	Weibliches Prinzip. *Yin* und *yang*: Begriffspaar aus dem Daoismus; Gegensatzpaar: „geben und nehmen"; relative Gegensätze, die unterschiedlich wirken und doch zusammengehören
yoko oshi	横押し	Seitlich Druck ausüben
yoko geri	横蹴り	Fußtritt zur Seite

yôtai	養体	Wörtlich: Erschaffen des Körpers
yotei	予定	Vorherbestimmung, Plan, Programm, Vorhaben, Absicht, Voraussicht, Erwartung
yurumi taisô	緩み体操	Wörtlich: Körperliche Übungen zum Lösen von Spannungen
zenbu	全部	Gesamtheit, das Ganze, alle, alles
zenkutsu dachi	前屈立ち	Vorwärtstellung, vorderes Bein gebeugt

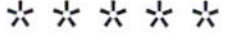

Glaube etwas nicht, weil ich es sage
oder weil es von einer Autorität stammt, prüfe es!
Wenn es bedeutungsvoll für dein Leben ist und deinem Leben
einen Sinn gibt, dann wende es an, so gut du kannst.

Buddha

Bibliografie

Backofen, Rudolf 1984. Tao-Te-King. München.

Balzac, Honoré de 1836. Les rivalités / I. La vieille fille. Paris.

Chia, Mantak 1989. Tao Yoga. Eisenhemd Chi Kung. Schutz und Stärkung der Organe. Neue Ausrichtung der Körperstruktur. Verwurzelung mit der Erde. Darmstadt.

Canfield, Jack / Mark Viktor Hansen / Jennifer Read Hawthorne / Marci Shimoff 1996. Chicken Soup for the Women´s Soul. Florida.

Cantieni, Benita 2000. Tiger Feeling garantiert! 36 Übungen mit denen Sie Ihren Beckenboden sofort finden und im Alltag effektvoll einsetzen. Berlin. München.

Cook, Theodore Andrea 1978 (Neuauflage von 1914). The curves of life. London.

Dethlefsen, Thorwald / Dahlke, Rüdiger 1983. Krankheit als Weg. Deutung und Be-deutung der Krankheitsbilder. München.

Feldenkrais, Moshe 1992 (1972). Autoconciencia por el movimiento. Ejercicios fáciles para mejorar tu postura, visión, imaginación y desarrollo personal. Barcelona.

Feldenkrais, Moshe 1994 (1949). Der Weg zum reifen Selbst. Phänomene menschlichen Verhaltens. Paderborn.

Feldenkrais, Moshe 1995 (1985). El Poder del Yo. La transformación personal a través de la espontaneidad. Barcelona.

Feldenkrais, Moshe 1996 (1968). Bewußtheit durch Bewegung. Der aufrechte Gang. Frankfurt.

Frantzis, Bruce Kumar 1995 (1993). Qi-Gong. Wege zu den Energiequellen des Körpers. Hamburg.

Greten, Johannes 2003. Kursbuch Traditionelle Chinesische Medizin. TCM richtig verstehen und anwenden. Stuttgart.

Habersetzer, Roland 2009. Bubishi – An der Quelle des Karatedo (3., erweiterte Auflage) Chemnitz.

JUVENALIS, DECIMUS JUNIUS 356. Satiren X.

KELLER, HELEN 1997. Optimismus. Ein Glaubensbekenntnis. München.

KIMURA, TATSUO 2005. Discovering Aiki: My 20 years with Yukiyoshi Sagawa Sensei. Tôkyô.

KIMURA, TATSUO 1995. Tômei na chikara 透明な力. Tôkyô.

KLEIST, HEINRICH VON 2002. Über das Marionettentheater. Internetausgabe. Version 07.02. Kleist-Archiv Sembdner. Heilbronn. www.kleist.org.

KRONE, HORST 2002. Handbuch für heilende Hände. Das A-Z der Übertragung von Heilenergie. München.

LEIGH, S. WILLIAM 1996. Zen-Körpertherapie. Rolf – Feldenkrais – Tanouye Roshi. Paderborn.

MARKOWETZ, FLORIAN / SCHLOSSER-NATHUSIUS, USCHI 2004. Kampfkunst als Lebensweg. Heidelberg.

MASUNAGA, SHIZUTO 1999. Meridian Dehnübungen. Lehrte.

MING, SHI / WEIJIA, SIAO 2003. Wie Weiches über Hartes siegt. Die hohe Schule der Kampfkunst. Zwickau.

MOESTL, BERNHARD 2008. Shaolin. Du musst nicht kämpfen, um zu siegen. Mit der Kraft des Denkens zu Ruhe, Klarheit und innerer Stärke. München.

MUSASHI, MIYAMOTO 1994. Das Buch der fünf Ringe. München.

NISHINO, KÔZÔ 1997. The Breath of Life. Using the Power of Ki for Maximum Vitality. Tôkyô. New York. London.

ROLF, DR. IDA P. 1997. Rolfing – Strukturelle Integration. Wandel und Gleichgewicht der Körperstruktur. München.

SCHMIDT, PETRA 2012. Ki-Karate. Zur Philosophie von Ki, Karate und Kampfkunst. 2., vollständig überarbeitete Auflage. Heidelberg.

SCHMIDT, PETRA (Hg.) 2017. Ki-Karate. Eine erfolgreiche Bewegung. Heidelberg.

SCHWANFELDER, WERNER 2004: Sun Tsu für Manager. Die 13 ewigen Gebote der Strategie. Frankfurt. New York.

SAINT-EXUPÉRY, ANTOINE DE 2004 (1979). Le Petit Prince. Paris.

SILVA, KIM DE / RYDL, DO-RI 1993. Kinesiologie. Das Wissen um die Bewegungsabläufe in unserem Körper. München.

STENUDD, STEFAN 1992, 1998, 2004. Aikido – die friedliche Kampfkunst. Malmö.

TÔHEI, KÔICHI 1996 (1979). Das Ki-Buch. Der Weg zur Einheit von Körper und Geist. Heidelberg.

TÔHEI, KÔICHI 1987. Ki im täglichen Leben. Heidelberg.

TÔHEI, KÔICHI / MARUYAMA, KORETOSHI 1987. Aikidô mit Ki. Heidelberg.

TÔHEI, KÔICHI 1990. Kiatsu: Heilung mit Ki. Heidelberg.

WERNER, PLATZER 2003. Taschenatlas der Anatomie. 1 Bewegungsapparat. Stuttgart.

WILDER, KRIS A. 2007. The Way of Sanchin Kata. The Application of Power. Boston.

YAMAMOTO, TSUNETOMO 2000. Hagakure. Der Weg des Samurai. München.

* * * * *

Miracles are natural; when they do not occur, something has gone wrong.

Helen Schulman

Die Autorinnen

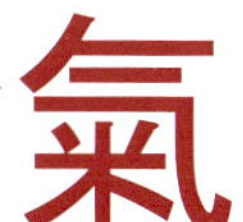

Dr. phil. Petra Schmidt

leitet die Ki-Schule Travemünde und ist seit vielen Jahren als selbstständige Ki- und Karate-Lehrerin tätig. Unter dem Motto „Philosophie & Kampfkunst für besseres Führen" gibt sie Seminare für Führungskräfte. 1985 begann sie mit dem Karate und hat seitdem auch diverse andere Kampfkünste geübt. Derzeit trägt sie den 4. Dan im Shôtôkan-Karate. Im Jahr 2007 erschien von ihr das bis dahin erste Werk zum Thema Ki und Karate:

Ki-Karate. Zur Philosophie von Ki, Karate und Kampfkunst

und 2017 zum 10-jährigen Bestehen dieser Übungsmethode:

Ki-Karate. Eine erfolgreiche Bewegung.

Internet: ki-karate.de

Tanja Mayer

arbeitet nebenberuflich als selbstständige Therapeutin für Reflexzonentherapie am Fuß. Sie bietet zudem die manuelle Therapie nach Dorn und Shiatsu-Anwendungen an. Seit vielen Jahren unterrichtet sie Ki-Übungen und Karate. Hauptberuflich ist sie Krankenschwester im Operationsdienst an der Universitäts-Frauenklinik in Tübingen. 1984 begann sie mit Karate und trägt derzeit den 4. Dan im Shôtôkan-Karate. Mit dem Thema Ki beschäftigt sie sich seit 1998 als sie mit dem Aoki-Bio-Energie-Training begann. Später kam noch Ki-Aikidô hinzu.

Internet: kikaratedo.com

Im gleichen Verlag:

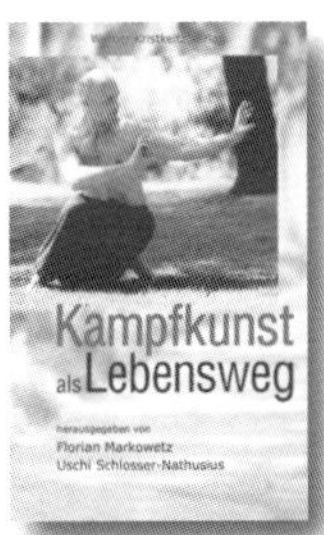

Roman Westfehling
Karate als Budo
Über die inneren Werte einer Kampfkunst
ISBN 978-3-932337-41-3

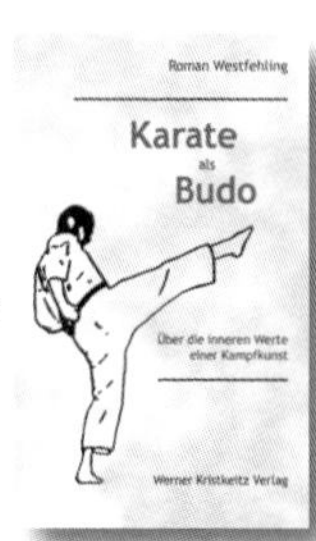

Uschi Schlosser-Nathusius und Florian Markowetz (Hrsg.)
Kampfkunst als Lebensweg
ISBN 978-3-932337-14-7

Gichin Funakoshi
Karate-do – Mein WEG
ISBN 978-3-921508-94-7

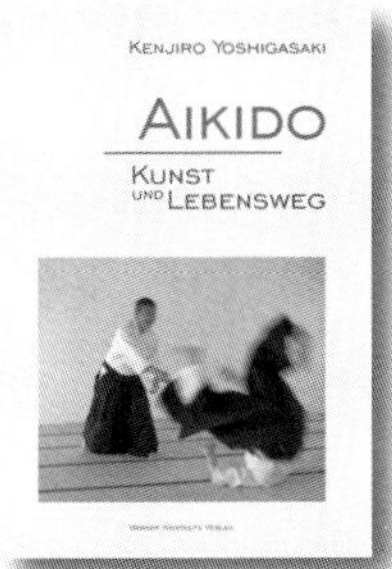

Kenjiro Yoshigasaki
Aikido – Kunst und Lebensweg
ISBN 978-3-932337-64-2
auch in englischer und französischer Sprache lieferbar

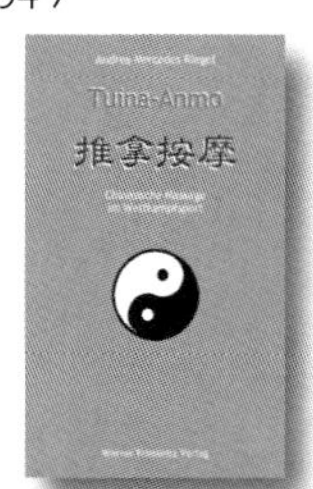

Dr. Andrea-Mercedes Riegel
Tuina-anmo
Chinesische Massage im Wettkampfsport
ISBN 978-3-921508-87-9

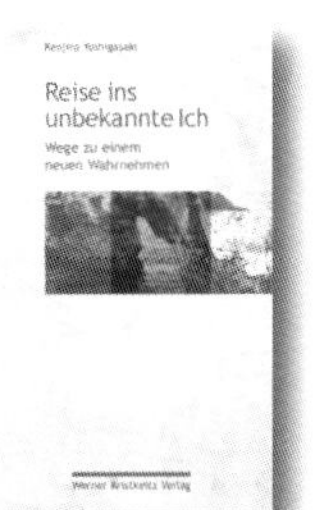

Kenjiro Yoshigasaki
Reise ins unbekannte Ich
Wege zu einem neuen Wahrnehmen
ISBN 978-3-921508-63-3

Werner Kristkeitz Verlag
Löbingsgasse 17 • 69121 Heidelberg • www.kristkeitz.de